美國女子學

Dr. Phoebe —— 著

#凍卵 #Metoo #瘋狂的矽谷媽媽

看美國女人如何破關打怪，

為不完美的自己而戰！

作者序

致，角落中的妳

自上一本書《美國人的真正生活》出版到現在，已經過了兩年的時間。我的頭銜也從原有的小牙醫和作家，新增了樹寶媽這個身分（事實上，這本書大部分的篇章，都是趁兒子睡覺時完成的）。有段時間，我經歷了許多難以啟齒、也無法搬上檯面高談闊論的酸甜苦辣，多數時候，那些苦澀只存在於姊妹間的祕密交談，因而讓我萌生了想寫有關女人主題的念頭。

撇下學歷和頭銜，我和所有女人一樣，在這些議題上跌跌撞撞。我們往往花畢生的經歷讀書升學，卻沒有一個方針在教導女人，如何面對人生的各種課題，比如失戀、流產、不孕、凍卵，歧視、性騷擾、產後憂鬱等，這些課題的難度根本超乎我們想像。但我始終堅信，在那艱難、痛苦萬分的絕境之中，上帝也會用這一切，把妳的勇敢、毅力，以及前所未有的愛給逼出來。妳會看到，絕境其實沒那麼可怕，最可怕的是在絕境中放棄一切，把自己孤立起來，沒發現妳不是唯一一個，所有的女人都一樣，會跌倒、會失敗，但在這之中，也會成長，會強大。

亞洲文化常常告訴我們，人生最好不要有一絲的波折和不完美，但在美國文化中，挫折是好的，懂得如何面對挫折，才有將挫折變為成長的機會，成為另一個轉捩點。我們需要的不是完美的人生，而是不怕面對挫折的勇氣。

面對這個世界上，男與女永無休止的爭論，還有女人生命中必須正面迎戰的每一個關卡，我不敢自詡為專家，但由衷希望藉由我的經驗與我所看到的故事，讓這本書成為在某個角落奮戰的妳，被看見、被理解，或被療癒的慰藉。

由衷感謝最愛我的上帝，讓我不斷地靠著祂的愛與恩典來學習人生的各個課題，並且在每一段路途中都與我同在。同時也感謝在我身邊支持我的家人、朋友和粉絲，因為你們的支持和鼓勵，才讓我得以繼續寫下去。最後，感謝時報出版的編輯團隊，使這本書能順利誕生。

這本書，獻給在各個角落奮鬥的女子們——

妳，並不孤單。We are all in this together.

Contents
目錄

Chapter 1
美國女人要面對的，和我們有何不同？

Chapter 2
情字這條路，美國女人也得一路破關打怪

Chapter 3

美國女強人，對抗不平等

Chapter 4

在美國生小孩，媽媽的一把辛酸淚

1
Chapter

美國女人要面對的，和我們有何不同？

不同的文化 不同的女人

「如果你想要把某件事說出來，問男人；
如果你想要把某件事情做出來，問女人。」
——柴契爾夫人（Margaret Thatcher）

乖，大概是所有臺灣小孩學會的第一個字眼，代表守規矩和聽話，但英文裡，根本沒有「乖」這個字。

在美式英文中，類似「乖」的詞彙往往也和無趣、沒創意畫上等號，成為大家消遣的對象。美國長大的小孩，所學會最重要的字是「快樂」，從小就被教導要尋找讓自己快樂的事物。於是，美國人對華人的刻板印象往往是守規矩但無趣，而華人對美國人的刻板印象則是活潑但自我中心。

華人女性背負家族的價值觀

《華盛頓郵報》曾報導一則心理學家做的統計，不同文化背景的人種，會有不同個性，比如義大利人講話時愛比手畫腳、荷蘭小孩隨和不愛哭、俄羅斯人不太愛在公共場合微笑等。心理學家發現這些不同的個性，大部分來自於學齡前的文化差異。這項統計分別在一九七〇年和二〇〇五年都做過，心理學家羅伯・麥克雷（Robert McCrae）和他的同事發現文化差異導致的個性，在四十五年後仍根深蒂固：「我們發現這些家長如何教育孩子，將受到不同文化、社會價值觀影響，而且會一代代的傳下去。」

而如果要我用一句話來囊括華人社會對女性的教育，我會說——過一個標準、中規中矩的人生。大部分的我們從小被教導要溫良恭儉讓，坐姿不端正，邊吃飯邊從鼻孔噴飯粒出來，父母就會說：

「妳這樣，長大以後誰敢要妳？」

「女孩子不可以這樣，要多留一點給人家探聽。」

「妳這麼不乖，出去人家會覺得媽媽沒把妳教好。」

畢竟女人的家教代表的不只是自己，更是整個家庭。婚後的女人如果出錯，娘家也連帶蒙羞。網路上充斥著教女人如何抓緊老公的心、滿足老公的胃、討好公婆、收服小姑的文章。生了小孩後，女人的價值也轉變來自於小孩的成就，讓小孩贏在起跑點，好得到親友認可和好媽媽頭銜。從來沒有人問女人，妳的人生想要追求的目標是什麼？想要成為什麼樣的女人？

少不更事的時候，她或許也有夢想，當芭蕾舞者、學畫畫、成為大學教授。但當這個夢想和上述的規矩人生抵觸時，往往就會被要求放下自己，比如為男朋友放棄一個加薪的機會、為孩子放棄攻讀博士、為了侍奉病榻上的婆婆捨棄剛找到的工作等。付出，成為一種標竿和韌性的象徵。

美國女人提倡：自我價值，自己決定

同樣場景換到美國，美國小孩從小就鼓勵孩子創新，發掘自己的長處和興趣，讓自己成為一顆與眾不同的耀眼星星。女人的價值也不一定取決於婚姻，大部分美國父母更希望兒女能實現美國夢，買一棟房子或擁有一份稱職的工作。蒂太太是美國第一代新移民，在熟悉亞洲和美國兩種文化後，斬釘截鐵的告訴女兒，結不結婚沒關係，只要有好工作，能在社會上立足、養活自己就好。於是蒂太太的女兒年過三十依舊單身，工作表現亮眼，也已在大城市中買房置產，完全沒有結婚打算。

而美國父母談及女兒的未來，我最常聽到的字眼不是嫁得如意郎君，而是「希望她快樂」。朋友小黛就在年過三十後，交了一個她媽媽不喜歡也不認可的男朋友。雖說媽媽表明對男朋友的負面觀感，卻同時也告訴小黛：「這是妳的人生、妳的選擇，我只要妳快樂，其他的我不會干涉。」

翻開美國女性雜誌，往往花大篇幅教女性認識自己，在人生任何階段都不忘寵愛和取悅自己。論及兩性關係，則著重雙方要彼此坦承，常常溝通，而不是一味取悅男方或婆家。就算成為父母，也提倡夫妻要花時間經營感情，找機會丟包小孩約會。簡單來說，不論每個階段讓妳生命中快樂的原因是什麼，都不能忘記追求自身的快樂。在為身邊的人付出之前，一定得先滿足自己。

美國女人，真的自由平等了嗎？

不過，可別以為美國女人的生活就這樣充滿粉紅泡泡。根據WHO資料顯示，美國在全世界最憂鬱的國家排行榜上列居第三。而美國女性罹患憂鬱症的比例是男性的兩倍之高，其中又以二十五到四十四歲的女性最多。原因來自兩個方面：生理上，女性飽受不孕症、產後憂鬱或更年期的困擾；根據梅澳診所醫學中心（Mayo Clinic）資料統計，非生理因素則包括工作、家庭壓力，男女地位不對等的婚姻關係、甚至是性侵或家暴史。

不只如此，在提倡男女平等的美國，女性薪水依然少於男性十九%，而工作之餘的家中大小事，往往還是落在女人肩上。亞洲女孩在美國，依然會被視為家庭的延續，作決定不單為了自己，更多時候也要顧慮家庭的栽培，必須把家庭利益放為優先，走一條讓家族滿意的道路；美國女孩雖被視為獨立個體，家族不見得會給予壓力，卻也極可能不給予任何協助，需自己在人生路上摸索。

沒有哪一個女人的生活比較容易，也沒有哪一種文化比較好，在我看來，女人揮汗如雨，努力在平凡又真實生活中生存的模樣，正是她們最可愛的地方。

美，由誰定義？

「我認為身上的每個不完美都讓你更加美麗。
我寧可要我的不完美，也不想要追求完美。」
——索娜姆·卡浦爾（Sonam Kapoor）

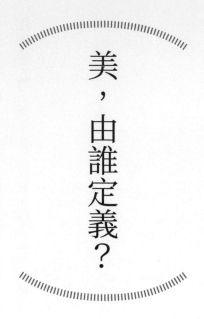

沒有最辣、只有更辣！

洛杉磯是個四季如春、從年初到年尾都有機會穿比基尼的地方。因此那種在冬季時就可以多吃，反正能用大衣遮肥肉的計畫，在這裡無法實現。「產後身材走樣」這種藉口或許在美國其他地方適用，但在陽光燦爛的南加州可行不通。

我身邊的媽媽友人，個個都無所不用其極，努力讓自己盡快恢復到產前的身材體態，必要時還得進廠維修、換個造型，打點玻尿酸去一下眼袋。在洛杉磯，沒有所謂身材火辣的辣媽，因為放眼望去，所有推著嬰兒車、陪孩子在沙堆打滾的媽媽，許多都體態姣好、凹凸有致。

為了追求好身材，洛杉磯人也喜愛追逐新的減肥方式，從冷壓排毒果汁、生酮飲食到間歇性斷食，聊天話題也常是誰瘦了十幾磅，用哪種減肥妙方等。我的好友依依身材苗條，在美髮產品公司當業務。依依告訴我，雖說她的身材比大學時期還瘦，但面對美髮界的客戶，還是成天被調侃身材，告訴她可以再多瘦一點。要是她身材走樣，或比現在再胖個幾公斤，很可能被列為拒絕往來戶，連帶影響業績。在客戶心中，妳連自己的身材都搞不定，怎能讓我放心把產品交給妳？但

洛杉磯的媽咪就算生完小孩，也得看起來像沒生過，完美比例缺一不可。（照片提供：@wellness_mama_daphne）

依依也說，那些客戶們也大都非常焦慮不快樂，整天想著如何換髮型或換減肥餐，來讓自己更美。

根據多芬（Dove）公司針對各年齡層的女性做的一項調查，發現雖有八成的人認為每個女人都有自己美麗之處，但在談及自己是否美麗時，有高達九成六的女人都不覺得自己是美麗的。當一個美國男生被稱讚外表，往往會欣然接受，但美國女生互相稱讚外表是客套，被稱讚時甚至得禮貌性的小損自己一下，好讓自己看起來不是個自大的必取。

狹隘的美感標準漸不被接受

這個世界總喜歡為美下定義，並要求女人若想達到美的標準，就一定要吃他們家、用他們家的產品。因此，從廣告看板到服飾美妝，美國人追求美麗的方式連帶創造了無限商機。資料顯示，二〇一六年時，美國擁有世界最大的美容用品和化妝品市場，產值將近八百四十億美元。若說臺灣社會普遍對美的定義是胸大腰細、甜美瓜子臉，那麼美國人對美的定義，則在過去幾年有著顯著改變。

女人不再追求不屬於自己的樣板身材，而是鼓勵女人擁抱自己獨一無二的曲線和尺碼。曾紅極一時的內衣品牌「維多利亞的祕密（Victoria's Secret）」在前陣子銷售額跌到谷地，並被社會大眾批評對美麗的定義太過狹隘，畢竟能擁有維多利亞天使般身材的女人實屬少數，品牌應該要將高矮胖瘦的身材都考慮進去。直到今日，在美國不能隨便使用「fat（肥胖）」這個字眼，必須用含義更為中性的字眼，如身型圓潤，身材豐滿等，否則會被定義歧視或不尊重不同體態的人，像臺灣長輩開門見山就直接說誰胖了一圈這種不討喜的話，絕對不會發生。

為滿足世俗標準，失去自我魅力

L姐是我在臺灣認識的貴婦好友，乍看是人生勝利組，但L姐說，老公對她的身材非常在意，由於生小孩後身材走樣，她決定去抽脂塑身，沒想到失血過多，躺了好幾天都起不來，幸好最後有恢復過來。其他媽媽都羨慕L姐的魔鬼身材，但鮮少人知道，為了這個身材，L姐幾乎賠上半條命。

G媽則是我另一個姐妹淘，為人和善，是我見過最與世無爭的女人。但G媽其實從小到大都對自己的評價非常低。明明G媽長相清秀、身材火辣還是個學霸，但成長過程中經常遭到兄長的言語和肢體霸凌，譏笑G媽不漂亮、又笨又蠢。年幼的G媽雖然很害怕，卻又不敢告知長輩，讓她一直活在陰影之下，青少年時期甚至染上暴食症，在不停的催吐、狂吃、自卑、憂鬱中無限循環，最嚴重時甚至停經了好一陣子。G媽長大後才重新認識、接納自己是美麗的，是值得被愛的，心理創傷一點一滴被治癒。

我從小也對自己的外表一直沒自信，覺得自己和漂亮無緣。為了讓自己更漂亮，我拿過剪刀自己修劉海（虎媽看了大驚失色，說看起來像狗啃過的）、努力學習化妝（結果腮紅塗得像猴子屁股、眼線畫得亂七八糟），甚至嫌自已太胖，刻意一天只吃平日食量的一半。隨著年齡增長，我才學習看到自己每個美的地方，除非調整亮度，我在社群媒體上的照片從不額外修腿修臉或修身材，畢竟維持假象，實在太累人了。

美的標準，我自己定義

多芬公司多年前曾拍過一部影片，請不同女人來描述自己的長相，另一端有位被隔離的畫師根據這些描述作畫，成為第一張圖。接著再請同一位畫師重新坐在同一位女性面前，面對面按照自己所看到的樣子作畫，成為第二張圖。結果發現，大部分女人都會誇大自己認定的缺點，第一張圖中的女性往往比第二張女性的面貌還醜，但對比兩張圖片，卻發現第二張圖中的自己和本人更像，也更加真實。

對自己外表最苛刻的人，不是別人，就是自己。無論高矮胖瘦、胸大胸小、有沒有雙眼皮，其實都無所謂，勇敢愛著獨一無二的自己，就是妳最美麗的樣子。

身為女人，我們從來就不需要別人為我們賦予美的定義，因為，我們就是美的定義。

擁抱不完美的自己

「我保證你不會在其他人身上找到另外一個我。
我就是唯一的我。」
——泰勒絲（Taylor Swift）

亞洲文化崇尚嚴以律己，寬以待人，彷彿一被生下來，就有一套完美人生公式，要求你照社會標準公式走。轟動一時的自傳式小說《虎媽的戰歌》就提到：「西方家長試著尊重孩子的與眾不同，鼓勵他們尋找對人生的熱情，支持他們的選擇，並給予一個溫暖、充滿正能量的環境。而華人家長則相信最能保護、栽培孩子的方式，是讓他們看到自己的潛能，給予他們技能、努力向上的習慣，以及一個沒人能拿走的自信心。」

成績頂尖卻缺乏自信的亞洲孩子

這段話看似有理，但根據我的觀察，發現在美國的亞裔（或在亞裔教育制度下的孩子）比其他人更缺乏自信心。並不是因為他們沒有拿全A、沒在工作上表現傑出、沒考最高分，而是因為就算他們達到目標，在他們的腦海中，總是覺得做得不夠、還可以更好。

通常學校的成績計算：4.0是A、3.0是B、2.0是C，代表及格程度。在美國就有一個玩笑話說，對亞裔父母而言，及格分數只有A，因為A代表Acceptable（可接受範圍）、B代表Bad（不好）、C代表Can't have dinner（晚餐別吃了）、D則代表Do not come home（沒你這樣的小孩）。

《衛報》的一篇調查評論指出，美國的亞裔比起其他族裔的教育程度更高，但也因「萬般皆下品、唯有讀書高」的觀念，使得亞裔家長對孩子的「成功」定義十分狹隘，萬一孩子走向藝術、音樂、設計、廣告業等行業，還會被貼上「非亞裔的亞裔人」標籤。事實上，根據《衛報》雜誌的訪問紀錄，只有約兩成的亞裔受訪者是所謂的專業人士，卻因為這兩成符合刻板印象，而讓其他八成的父母認為自己的孩子沒有成為成功人士。

追求社會認可，成為女性的枷鎖

美國國家生物技術資訊中心（NCBI）發表的研究指出，美國高中生中，亞洲人的成績最優秀，卻有最低的自尊心，其中男性的自尊心高於女性。同樣的趨勢也延伸到出社會後，根據惠普公司的人事部資料統計，發現男性通常會誇大自己的表現，女性則通常隱晦自己的成就。若男性發現自己只符合六成的條件，還是會申請

我在美國這些年學到最寶貴的，就是學會冒險，並且勇敢接受不完美的自己。

工作，而女性只會申請百分之百符合自身條件的工作。

從小到大，我都是個不太有自信的人，努力追求社會認可的成就，希望這些能掩蓋我缺乏的自信。但似乎無論我的成就多高，我對自己的嚴苛也沒少過，擔心在人生的道路上出錯，無論是婚姻、工作、孩子、學業、人際關係，一切的累積也曾讓我感到極度疲憊和不快樂。

但美國文化告訴你，失敗也可能是好的。很多大企業面試，首要挑的不是從小拿A的乖乖牌，雖說這些人的成績比較亮眼，但很多時候，他們反倒喜歡找拿B的，或成績沒那麼頂尖的那一群。甚至有統計指出，這些非頂尖、求學路上非一路順遂的學生，日後更有可能成為領導人物。失敗也是一種過程和學習的養分，不需要隨時把自己保持在逼死人的最佳狀態。我在走過的牙醫大小面試，也常被問：「妳覺得自己不完美的部分在哪裡？」這並不是真的想知道你幹過哪些醜事，而是想知道你是否完全明白自己的缺點，是否能在理解缺點與錯誤的過程中，更認識自己，並且有所成長。

如果說我在美國的這些年學到什麼最寶貴的功課，大概是學會冒險，而且不要怕犯錯，勇於接受不完美的自己。在美國，「接受自己」不只是空泛的口號，或是讓你恣意揮霍的藉口，而是寬以待己、寬以待人。放下面子和比較，不對自己過分嚴苛或要求絕對的完美，同時以寬懷的心腸擁抱自己的短處。當我們願意接納不完美的自己，就會更願意去嘗試、去跌倒、去對未知的未來努力。

期許我們，都擁抱不完美的自己。

面對#MeToo，女人其實……

「光照進黑暗裡，黑暗不能勝過光。」
——《約翰福音》一：五

#MeToo，勇敢站出來的受害女性

Z是韓裔美籍小留學生，父親是牧師。她在初中時來美，之後成為醫生，嫁了一個肌肉感爆棚的老公，可說是人生勝利組，實現美國夢的代表。

Z為人熱情，很關懷身邊的人，但鮮少人知道，Z剛來美國時住在親戚家，居然慘遭親戚毒手，被性侵多年。親戚威脅青少年的Z，若是膽敢說出去，會告訴Z的父母說女兒蓄意勾引，要讓Z的父母蒙羞，更可能使父親的教會工作停擺。Z深怕父母得知，隱瞞了多年，痛苦往肚裡吞，無奈親戚的占有慾越來越強，甚至不願讓Z交任何朋友。Z獨來獨往許多年，總算在上了大學後，在朋友勸導下告知父母。

Z的父母知道後痛苦萬分，但總算讓Z強制搬離。

父母斬釘截鐵的告訴Z：「這件事千萬不能告訴任何人。」

Z花了很多時間沉澱自己，她開始做心理諮商，同時投身教會，跟著福音隊走遍世界各地的偏鄉。Z告訴我，她在旅途中遇見的許多故事，讓她看到這個世界的大小破口，與其說是她和福音隊去幫助偏鄉的人，反倒是這遼闊的世界撫慰了她的心。

Z的遭遇也讓她完全沒想過談感情，卻在大學遇到了一個有上進心、還被眾多女生默默暗戀的肌肉男。兩人開始交往，一路到論及婚嫁的程度。但Z心中總有一個結，覺得當年的事對她來說像個汙點，不知道是否該告訴對方。但Z的母親不停告誡她，絕對不能說，能瞞多久算多久，畢竟這件事並不光彩，說出來可能嚇跑對方。Z猶豫許久後，還是選擇誠實以告，肌肉男聽完非但沒有退卻的念頭，反而對Z更加憐惜也更加堅定，兩人終於踏入禮堂。

Z告訴我，父母打定主意不讓其他親友知道，這件事自始至終也沒有得到加害者道歉。雖說她和親戚一家已經完全沒有聯絡，但是一直到今天仍被恐懼環繞，還是時常被惡夢驚醒。Z在告訴我這個故事時，全身顫抖，講完後，在場的人全都淚流滿面。Z之所以選擇把這件事說出來，是想告訴我們，她對這樣的經歷並不感到羞恥和怨懟，藉著她的經歷，她也在幫助許多有類似遭遇的人。

女孩需要的是支持與勇氣

Z只是千千萬萬個 #MeToo 運動底下的一例。#MeToo 浪潮之所以在美國爆炸性的蔓延，有一大部分原因，就是女性不再甘願躲在黑暗中暗自啜泣，寧可把發生的故事攤在陽光下。當越來越多駭人的真相被公諸於世，不但讓更多人注意到這個議題，更是像滾雪球效應一樣，讓更多女性都願意挺身而出，為自己發聲。

Z媽對Z所說的那句話，是大部分亞洲孩子第一件學會的事情——面子，被大多數人視為比裡子更重要。隱惡揚善，家醜不可外揚，都是我們從小到大學到的規矩，只能把最好的展現出來，讓父母沾光。任何不光彩的事，即便不是當事人的錯，父母的第一反應往往都是，不要講出去、不要讓別人知道，無論是#MeToo案件、或家人罹患精神疾病、丈夫出軌外遇等，大部分人的反應都和Z媽一樣，藏多久，算多久。

面子大於天，女人只能壓抑創傷

當然這不意味著必須對所有萍水相逢的人都講出自己內心所有創傷或家族每件醜事，但過分堅強往往只是壓抑負面情緒，而非處理問題。我身邊許多第二代亞裔美國人就常感受到自己必須在面子與裡子間拔河，導致與父母的關係受創。

K就是從小在美國生長的第二代新移民，母親觀念傳統，一生為家人犧牲奉獻，對兒女的事更是兢兢業業，從小便以高標準要求女兒把書讀好。雖說念到了碩士，但K回想自己學生時代，其實非常不快樂。

「我從小只要成績不如其他人，就會被媽媽罵我表現不好，讓她丟臉。但我已經盡我最大努力去讀書，卻老是認為自己不夠好。直到我長大才發現，原來我媽當年的成績也沒有太好，我沒念好的科系，完全來自於她的基因。我多希望她當年能開誠布公地告訴我，讓我知道沒能念好書不是我不夠努力，更不是我的錯。」我覺得很可惜，K和母親有多少歲月都因為面子，而浪費在彼此的痛苦上。如果能夠時光倒流，我多想回去抱抱年少的K媽，告訴她其實面子沒值多少錢，不需要在兒女面前疲憊的營造完美，但連自己都沒能達成的形象。

I也是亞裔第二代，卻是我見過最沒有包袱、並且勇於分享自己#MeToo經驗的女人。I的母親也是視面子高過一切，努力在親友面前維持完美形象，裡子卻殘破不堪，飽受憂鬱症侵擾。但I媽不願讓人看到她軟弱的一面，拒絕尋求幫助，維持著美麗的面子，把所有親朋好友都推到千里之外。I感慨：「每個人都有大大小小的不完美和不容易。我看到母親死守著完美的面子，裡子卻非常不快樂，反倒我因

為願意把我的 #MeToo 故事分享出來，卻也因此找到許多有同樣經歷的姐妹，成為好友。我可以在她們面前形象全無，但她們依然死心蹋地的愛我。我不需要完美無瑕的面子，我要的是一段真實的關係。」

找到安全的對象，比如心理諮詢師、信任的好姐妹、願意挺你並陪你放下面子的長輩，在安全的範圍內分享自己的內心，也許就能打開一扇能夠治癒的可能性。沒有誰的人生是完美的，當你願意鼓起勇氣分享，會發現其實你並不孤單，分享之餘，也能得到自由，而不是壓抑在心裡日積月累，成為束縛。

而當別人願意向你訴說自身的傷口，我們該說的不是「別告訴別人」，而是：「謝謝你告訴我。這一切，不是你的錯。」

疫情下的男女不平等

「女人在各個地方都是領導者，從任職全球五百大企業的 CEO，
到在家照顧小孩並引領全家的家庭主婦都包含在內。
我們的國家是由堅強的女人所組成，
而我們會繼續的摧毀高牆，打破性別框架。」
—— 南希・佩洛西（Nancy Pelosi）

病毒也搞男女歧視？

許多人說，病毒是不長眼睛的，無論身分國籍宗教地位，會中就是會中，逃也逃不掉。這話乍聽有理，但若仔細的看數據，會發現其實病毒之下，人人不平等。

位於社會階層越底端的，受創總比金字塔頂端更嚴重，除此之外，在疫情之下，居然也男女有別。根據《ＢＢＣ新聞》報導，美國死於新冠肺炎的男性就比女性高上一倍，而在西歐國家，六十九％的新冠肺炎（COVID-19）死亡患者是男性。

疫情更把失業人口推上新一波的高峰，截至二〇二〇年四月，美國的失業人口已超過兩千零五十萬，失業率高達近十五％，輕易的就把過去十年來新增的工作機會化為烏有。有報導指出，男性為大宗的就業市場以建築和製造業為主，這往往和經濟衰退成長與否息息相關；而女性占多數的就業市場包括醫療和教育，這兩個市場也相對較不受經濟影響。

看到這裡，如果你以為這代表女人是這場病毒戰役下的勝者，可就大錯特錯了。

病毒打亂生活，衝突增加

根據《富比士》雜誌報導，美國的醫療產業包括第一線工作人員在內，有八成的員工為女性，我的好友R嫂便是其中之一。R嫂在南加大凱克（Keck）醫學中心工作的RN護理師[1]，她工作的病房正好就是醫院安置新冠肺炎患者的地方。

R嫂的先生R哥是律師，擁有自己的事務所，也在私立大學兼職任教。因為疫情，R哥的事務所業績和收入都大幅降低。但R哥不只一次告訴R嫂希望她辭職，覺得整天面對肺炎患者太危險。R嫂雖然也明白，但不少同事都因為染病不能上班，健康的同事都在過勞加班，她現在離職，等於把爛攤子都丟給同事扛，她實在做不到。

而且R嫂偷偷告訴我，她覺得在家裡比在醫院更累。R嫂有兩個未滿兩歲的小孩，在美國稱為two under two，一說出來都會得到其他父母無限同情和憐憫的眼光。加州的宅在家政策讓R哥在家上班，讓R嫂得不斷犧牲休息時間來顧兩個小

1 護理師（Registered Nurse），簡稱RN。負責護理評估、護理診斷和適當的護理計畫。

孩。

T媽是我見過最像八爪章魚的媽媽，不但是心理諮商師和社區大學教授，更是社區診所心理諮商部門的負責人。新冠肺炎讓許多人處於焦慮或憂鬱情緒，自殺傾向也升高，讓T媽的工作量倍增。但T媽更多的工作則在下班後，包括照顧生病的長輩，確定全家人的午餐盒裡有食物、接送小孩等。T媽和T爸兩人都必須在家工作，平日習慣T媽準備午餐的T爸也理所當然的覺得T媽會定時餵飽全家人，遭到T媽抗議。明明兩個人都在家工作，之前能準備午餐的時間被線上諮詢的病人取代，應該由T爸負責處理午餐，夫妻倆就為了這個爭執起來。

新冠肺炎成為女性主義的一場惡夢？

R嫂和T媽不是唯二的例子，根據統計，即便是職業婦女，往往也比男人做更多家事、休閒娛樂時間比男性更少，令人嘆息的是，這種文化似乎無國界，不只在美國如此，在全世界幾乎都是這樣。《大西洋》的一篇報導更直截了當的說——「新冠肺炎將會是女性主義的一場惡夢」。疫情打亂了社會既有的節奏，也讓原本工作

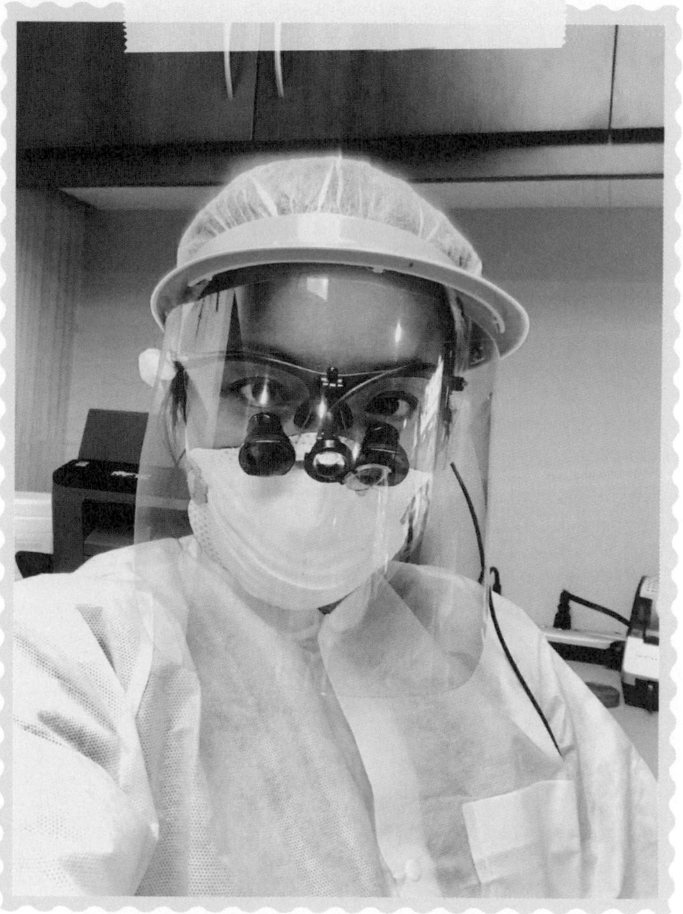

美國的新冠肺炎疫情持續延燒，以上裝扮已成為我的工作穿搭：防護帽、防護罩、口罩、防護衣和牙科放大鏡。我的病人說我好像太空人。

就相對較沒保障的女性雪上加霜。即便美國的兩性平權已經喊了多年，但統計數字發現，有六成的育兒方案還是落到女人肩上，而且美國的單親家庭比例中有四分之三是女人。在疫情之下，女性失業率提高了〇．九％，男性則提高〇．七％，失去工作的比例也比男人高。

《大西洋》網站報導指出，美國三十個最低薪的工作中，有二十三個為女性占多數。女性薪資比男性低了十九％，甚至當女性在一種工作類型的比例變高時，這個工作類型的薪資便會隨之降低。這個狀態尤其反映在許多在上個世紀被認定為「女性應該在家提供的免費工作」，包括照顧長者、煮飯、洗衣、打掃、看小孩等。

尤其美國在醫療人力上依舊缺乏，在人口持續老齡化之下，報導預估美國政府在未來十年內，會需要一百六十萬名護理師和護理師助理，以及至少五十萬名居家看護。毫無意外的，療養院的員工、護理師及居家看護大都為女性，而這類型的工作待遇都不太優渥，甚至護理師、看護的薪資都比平均值低。

永遠被用更高標準評斷的女性

加州的學校因新冠疫情而關閉，但不是所有學校都有完善的線上課程。使得許多媽媽還得身兼孩子的老師和玩伴。S媽雖說是UCLA畢業，卻從一開始就知道自己不是當老師的料。沒想到這次疫情逼她成為孩子的老師，花了三個小時教孩子寫一篇作文，也寫不出一個屁來，令她和孩子都覺得挫折。

另一個朋友A媽則因疫情必須關閉牙醫診所，她完全放棄在家當老師，改當孩子的專業陪玩人士。有趣的是，在這兩個媽媽的抱怨裡，完全沒有聽到對爸爸參與的任何期待。

這個社會對男人的期待似乎就是把錢賺夠就好了，而只要該男能替他太太做任何賺錢以外的「一件」事情，比如替孩子洗澡換尿布、陪孩子看故事書、掃地拖地或刷馬桶、照顧岳父岳母等，就能贏得好先生好爸爸好女婿的標籤。但很多時候，女人做好上述所有事，也未必能拿到好太太頭銜。

我不只一次聽到爸爸們自豪的告訴我，他們幫老婆看小孩，英文用的字是babysitting，我都忍不住糾正，生養小孩是兩個人的責任，不是「幫」老婆看小孩，這是身為父親本來就應盡的職責和義務，應該叫作parenting。

電影《婚姻故事》裡離婚律師所說的一段話，我認為相當精闢：「我們可以接受一個不完美的父親，甚至好父親的形象只不過是在三十年前被塑造出來的。在那之前，我們對父親的期待就是安靜無聲、往往不在、不能倚靠、萬分自私……但即便如此，我們還是接納他們的錯誤，但人們絕對不允許同樣的過錯發生在母親身上……（女人）永遠會被用不同和更高的標準來衡量。」無論美國或臺灣，都是如此。

女性在家庭和工作兩頭燒的狀況已不是新聞，這個社會對男女的雙重標準更非一朝一夕，但是新冠肺炎硬生生的揭開高喊「男女已經夠平等」的粉紅泡泡，將真相攤在陽光下。某個角度來說，這並不是壞事，或許藉由這次的疫情，我們終於能看到，無論是在前方抗疫還是在後方照顧老小，都不得不承認——

疫情下的社會，由女性撐起半片天。

新時代女性新科技——網路交友、凍卵代理孕母

「我認為學會獨處是一件非常健康的事。
你必須學會如何在不被他人定義的情況下，和自己相處。」
——奧斯卡．王爾德（Oscar Wilde）

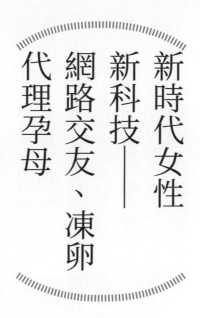

臺灣社會裡，女人的終極目標似乎就是在三十歲前找到合適對象把自己嫁出去，結婚生子更是評斷女人是否得到完美人生的既定程序，也是大多數偶像劇的幸福結局。大眾對適齡未婚女性的字眼往往也趨於負面：剩女、敗犬、大齡女子、單身公害……就連第一名模結婚，各大媒體標題也寫著「終於」嫁出去，口氣聽起來彷彿架上快過期的商品，市場收市前不新鮮的魚肉，千辛萬苦砍價促銷後，終於找到不嫌棄的買家，成功銷出去了。

小薇來自臺灣，即便在南加大牙醫學院當教授，私生活也過得多采多姿，但父母觀念傳統，對她的牽掛就只有一個——嫁人。老急著替她介紹對象，過程中小薇也聽了許多看似好意、實則傷人的話：

「一定是妳太挑。」

「一定是妳太優秀，把男生嚇跑。」

「一定是妳不想生小孩，所以人家不要妳。」

「一定是妳太難搞，才沒有對象。」

小薇猛翻白眼，向我抱怨：「天下渣男這麼多，又不是我的錯！」

網路交友已成找伴新趨勢

找伴侶的方式，在幾個世代間已有巨大轉變，從祖父母年代的說親作媒，到父母那代開始自己找對象。到現在，還沒見面前，對方的資料就全都掌握在你的手機裡。

我身邊大部分的單身男女都有不只一個網路交友APP。根據美國交友網站「eharmony」統計，美國有高達四成人口在使用線上交友網站或APP，其中男性約占五十二％，女性四十七％。不同城市也有不同的男女比例差異。其中有五十三％的人會在年齡、身高體重和職業上造假，許多女生坦承會使用年輕時的照片，好讓自己顯得更纖瘦；男性也會在工作上稍微誇大其辭，好讓自己看起來更加成功有魅力。目前有高達兩成的伴侶都藉由網路認識彼此。

美國的網路交友APP根據不同族群，也細分成多種功能。Coffee Meets Bagel是藉著朋友圈裡的共同人物認識對象；Tinder最適合左滑右滑養眼睛；eHarmony則大都聚集以結婚為前提交往的男女，但必須付月費六十美金。

我身邊也有不少網路交友的成功案例，C高中時一個木訥老實的死黨，就靠網路交友遇到了有如麻雀般愛講話的嬌妻，閃電結婚後，目前已經生了三胎；我在醫院遇到的金髮碧眼復健師珍妮絲，靠網路交友認識在金融業上班的福建人強尼，原本兩人的生活圈根本八竿子打不著，卻在交往三個月後火速訂婚，一年內結為連理；在中學教攝影的小梅年過三十五，在交友APP上認識四十歲的老公，交往兩年後結婚，過著甜蜜的生活。

不過我的單身閨密、使用過各種不同APP的小琪告訴我，成功故事純屬少數。至少就她而言，在交友APP也很常遇到各種奇葩男，比如不會拍照，老拍出雙下巴的A男；愛放和其他異性摟摟抱抱照的B男；明明沒身材卻愛裸上身的C男（小琪給我照片，我實在很想告訴他，這世界上有種東西可以幫助你修飾身形，價格親民，那東西叫作上衣）；自拍帶有殺氣，而且自我介紹文法完全不通順的D男；甚至是還沒見到面，就想做女生身家調查的E男……這些經歷不禁讓小琪感嘆，為了找個交往對象，比過五關斬六將還累人，是不是乾脆把APP全都刪除算了，反正單身生活也挺自由自在的。

科技獻給女性的新選擇

單身族群在美國社會，很少被貼上被丟棄或剩下的標籤，很多時候是女人自己的選擇。有意思的是，單身貴族在美國越來越龐大，根據調查顯示，在美國不和伴侶居住的單身人士就高達四十二％，甚至高達五十五％的美國人認為，結婚生子不再是一個成年人的重要里程碑。

不只美國，根據ＣＮＮ報導，全世界有七十八個國家都有類似現象。更多人認為擁有好工作和教育，比找好對象更重要。當結婚生子不再成為主要目標，結婚年齡往上攀升，也難怪美國在二〇一七年，創下過去三十年來生育率新低。這不代表女人拒絕生小孩，相反的，年過四十的美國女性卻擁有高生育率，代表女性想等到自己事業穩定後，才考慮結婚生子。

曾經聽過某女星受訪表示，男人與女人的不同，只在於一個子宮的差別。男人一輩子衝刺事業天經地義，但女人懷孕的最佳時間往往也是事業黃金期。隨著男女平等意識崛起，凍卵不再是貴婦間的耳語祕密，不論美國或臺灣，已經成為許多職業婦女的趨勢。與其說凍卵是一個手術，其實更像買保險，買一個安心和放心，買一個在以後準備好時，即便年事已高，卻還能懷上優質小孩的機會。

雖說凍卵並不是百分百的保障，根據英國的人類胚胎管理局（HFEA）指出，女人從自己的卵子成功受孕的比例只有十八％，但仍有越來越多女性選擇貴鬆鬆的凍卵計畫。《芝加哥時報》報導指出，有八十五％決定凍卵的女性，至今身邊沒有伴侶，而凍卵原因並非為了衝刺事業，是覺得自己還沒有遇到合適的伴侶。

自己生還是交給別人生？

小N和老公都是ABC，結婚多年且婚姻美滿。兩人在婚前就都知道彼此沒有想要小孩，但小N的公婆非常渴望抱孫子。小N壓根對懷孕不感興趣，光想到肚皮鬆弛、恥骨痛、孕吐、身材走樣等懷孕後的可能症狀，她就感到反胃。在周旋許久之後，雙方決定各退一步，找個代理孕母，可免除自身懷孕的不舒適，費用也全由公婆買單。

但一查之下，才發現代理孕母沒那麼簡單。先不提錢的問題，光是預備程序就必須花上十五到十八個月。首先，需諮詢可靠的仲介公司（一到兩個月）；挑選合適的代理孕母（一到三個月）；讓代理孕母做健康檢查，確定適合懷孕（一到兩個月）。最後重點來了，小N必須做人工受孕手術（IVF），看身體對排卵藥的反應（兩到三個月）。這段期間，小N必須打排卵針，好讓身體能產出足夠的卵子數，再運用科技與老公的精子結合成冷凍胚胎寶寶。若過程順利，才能植入到代理孕母的身體裡，成功後才正式開啟懷胎十月的過程。

原以為把懷孕這件事丟給代理孕母，自己就可以在旁邊納涼的小N，忽然清醒過來，發現這根本不是捷徑，而是一條更曲折漫長的道路。為了躲避懷孕去打排卵針和吃賀爾蒙，只是在折騰自己，於是夫妻倆決定回到原點，用最天然的老祖宗方法——滾床單受孕大法。沒多久便傳出了好消息，順利懷上一個寶寶。

小N說，公婆當初承諾給予代理孕母花費是美金十二萬（約新臺幣三百六十萬），現在既然自然懷孕，也一毛都不能少給，畢竟從頭到尾就不是她想生，是為了公婆才做的決定。公婆也挺認份的，每月分期付款將十二萬美金匯到小N的戶頭，直到十個月的孕期結束。

我卻覺得，小N這是誤上賊船了啊！懷孕和生小孩根本不是最累的，當媽才是。這如意算盤怎樣都是公婆划算，畢竟他們只負責含飴弄孫，其他的把屎把尿、脹奶

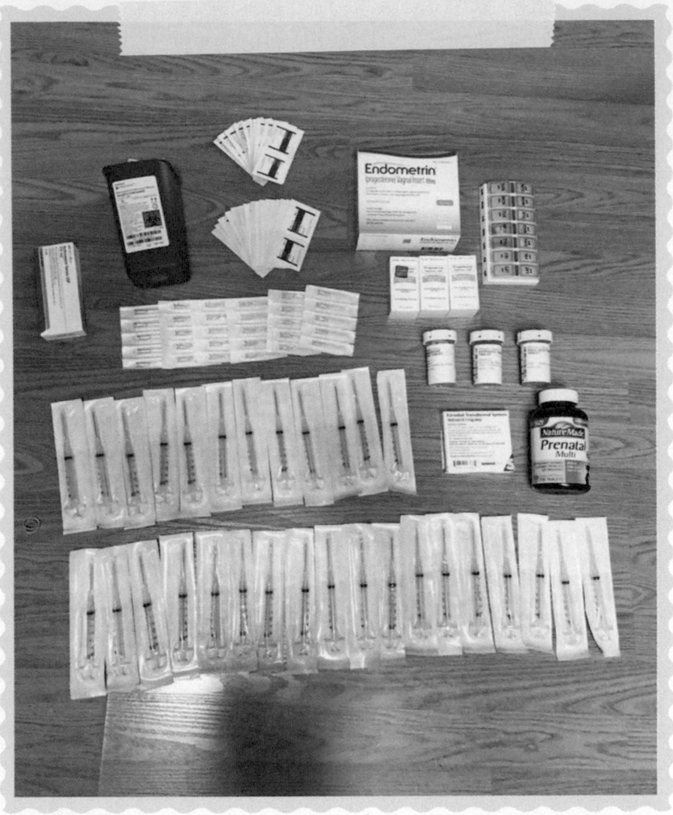

IVF 開箱，都得按時程打入女人體內，而這些還不是所有的藥物。

胸痛、半夜起床、忍受第三百次尖叫、第一百次把丟在地上的食物撿起來、第一千次踩到掉在地上的樂高（據說長頸鹿那隻樂高踩到最痛）……一切的一切都是小N夫妻倆的事，隨便一項都比懷孕困難N百倍。

小N卻堅定的說，即便當媽的這條路有多難多累，但看到私房錢戶頭裡的數字，至少讓她心裡會稍微好過一點。至於這場交易是否划算，恐怕得等孩子生出來，才能見真章了。

2

Chapter

情字這條路，美國女人也得一路破關打怪

美國人從小就要學，愛有分等級

「我們希望留給孩子的東西只有兩樣，
一個是扎得深的根，另一個是能飛的翅膀。」
——歌德（Goethe）

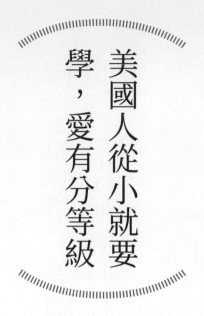

俗話說得好，丈母娘看女婿，越看越有趣。東方文化裡，婆婆是媳婦永遠的天敵，老覺得自己的媽寶兒子——喔不，我是說寶貝兒子——被一個毫無血緣關係的女人搶走。岳母卻往往對女兒的男朋友很少懷有敵意。看到自己的女兒開始談戀愛，雖說捨不得，卻仍替女兒開心，放寬心胸擁抱未來的女婿。

雖說美國文化注重獨立自主，但這不代表父母的意見就完全不重要。有意思的是，美國男女交往時，女生的父親的保護心態總是較明顯，氣勢強的還可能警告男方，若敢欺負寶貝女兒就要剝了他一層皮！甚至按照美國傳統，男生在求婚前，必須先鄭重的向女方家長請求向女方求婚的資格，顯示美國父母對孩子婚姻的祝福與否，依舊十分重要。而女生也會在意父母對另一半的看法。父母不見得永遠是對的，但你不得不承認，人生閱歷也是一種資產。

都重視父母意見，臺美大不同

雖說臺美兩地都重視父母對另一半的意見，但在看待和處理感情關係上，則有截然不同的思考模式。

臺灣情侶交往時，會有一個步驟叫作「帶回家給父母看」，無論是紙包不住火，還是遭親友催婚許久，都意味著這段感情的一個里程碑，並且表示，再過不久的將來，就有結婚準備了。美國卻非如此，孩子經常才交往沒多久後，就會把另一半帶回家吃飯，但父母或親友都不會認為眼前這個男孩或女孩，就是孩子未來步入禮堂的對象。

美國媽媽V向我解釋：「我希望我的孩子在剛開始交往，就帶回家給我看。不論最後他們有沒有結果，都是交朋友的人生經驗。我寧可他們讓我看看正在交往的朋友，也好過他們偷偷藏起來，分手難過時獨自療傷。」

相較於V媽，我的虎媽的論調就完全相反，她和臺灣大部分媽媽一樣，認為一旦和男方坐下來吃飯，就代表已經準備要接納他。我和C交往前，曾與一任男友交往了三年多，在交往期間，虎媽連一餐飯都不願意坐下來和他一起吃。我總納悶，或許虎媽是不夠認識他，有一天虎媽會跟我一樣，看到他的好。

不得不說臺灣文化有趣之處，在於父母有話都不愛直說，喜歡用其他話語迂迴暗示：

「你們都還年輕，慢慢來，不要急。」（真心話翻譯：我不喜歡他，很擔心你們生米煮成熟飯，我不得不接納他）。

「年輕人要多看看、多點體驗比較好。」（真心話翻譯：但願他只是你生命的體驗之一，體驗完就可以從你生命中滾蛋了）。

「人生是你們自己的，無論做什麼選擇，我們都尊重。」（真心話翻譯：我其實不同意你的選擇，但不想和你撕破臉，才不得不尊重）。

「我覺得他還好，但我會保持客觀，不會反對你們交往。」（真心話翻譯：但我也不鼓勵你們交往）。

現在回頭看，覺得我當初真是好傻好天真，一股腦忙著談戀愛，也卯足全力希望家人接納他。對於亞洲人而言，談戀愛不只是和你的對象談戀愛，而是和整個家族一起談戀愛。

過度保護，讓孩子太晚懂「愛」

說到底，暗示已經是相對溫和的方式了，亞洲文化常教育孩子必須重視父母的意見，對兩性話題又趨於保守，大都禁止孩子進大學前談戀愛，一上大學後又立刻鼓吹孩子交男女朋友；同時，父母也不希望孩子犯錯，最好能一步到位，甚至喜歡幫忙定下標準、鑑定孩子的對象，大都以經濟條件和社經地位為主要考量。當遇到父母不認可的另一半，有些父母就會用「我是為你好」「聽我的就對了」等理由反對。

小咪是我在求學時期認識的亞裔室友，有個交往多年的遠距離男友A男，但小咪對對方早已沒有感覺，卻不知怎麼開口說分手。捺不住寂寞的小咪開始劈腿班上的B男，腳踏兩條船的歹戲拖棚之下，最後B男耐心和愛心被磨光，徹底離開小咪，小咪才發現自己的真愛是B男，鼓起勇氣和A男分手。當時的我老納悶，課業表現頂尖的小咪，處理起感情事卻像個中學生般不成熟。後來我才明白，小咪的父母努力栽培她念書，卻從沒給她機會教她如何談戀愛，而那位A男，就是小咪的第一任男友。

適時表達意見，尊重個人選擇

在美國長大的女孩，從小便要學會分辨自己喜歡或不喜歡什麼，甚至連「喜歡」都有分好幾個詞彙，來表達不同等級的喜歡，比如被一個人煞到叫「Crush」；和

認識 C 之前，我的一段失敗的感情，讓我更懂得自己要的是什麼。

這人在一起很開心，是「Like」；而真的覺得能夠把心交出去，才用「Love」。從中學開始，兩性就有許多交流的機會，像畢業舞會、女生邀男生參加的舞會等，年輕清純的交往，大部分父母都會給予認可。這之中當然會在感情上跌跌撞撞，父母並不會告訴孩子該怎麼做，而是扮演鼓勵的角色，幫助孩子學習做該做的決定。當然，這也代表父母必須有足夠強大的心臟，看著孩子歷經心碎和成長。

長大成人後，父母或許會表達自己的意見，卻鮮少會介入孩子的感情生活，無論孩子面臨一段成功或失敗的關係，都必須自己去經歷和學習。心理學博士黛博拉．桑德拉（Deborah Sandella）說：「談戀愛是讓你學習了解自己、了解你的心、你的靈魂和你喜歡的伴侶是什麼樣子。談戀愛是以你為主，不是你的父母。」

後來我和虎媽聊起我的前一段感情，虎媽坦承，她當初心裡七上八下，怕我真的決定嫁給一個她從各方面看都覺得不適合的對象，怕我會踏入一個，她很確定絕對不會美滿的婚姻。但我感激虎媽的放手，並且在我和前男友分手後，陪我走過人生最低潮的一段時間。也因為這一段失敗的感情，讓我明白知道自己要和不要什麼，才能讓我遇到C之後，格外珍惜。

我和C交往一個多月後，我的父母就和他見面；交往一年後，C就被邀請去參加我兄長的婚禮。期間吃飯更是吃了好幾回合，數都數不清。連我和C吵架時，虎媽居然都站在這未來女婿那一邊。

我這才明白，遇到對的人，大部分的父母會搶在前頭讓你知曉：看你得到幸福，他們比誰都開心。

太優秀，居然是美國女人的婚姻阻礙？

「人生最大的孤單，來自你對你自己的不自在。」
——馬克・吐溫（Mark Twain）

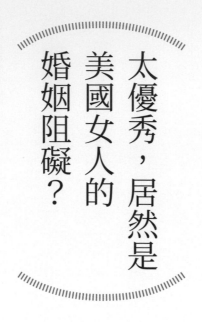

「打死我也不要再交臺灣醫生！」麗塔醫師朝我怒吼。

麗塔交往過的臺灣醫生都在美國執業，有第二代ＡＢＣ，也有臺灣來的小留學生。「我交往的三個臺灣男人不是劈腿就是說謊，不然就隱瞞自己有女友，害我在不知情之下當了小三。」麗塔醫師說著，眼睛噴火，「但我最受不了的，是這些男生統統喜歡找有挑戰性的女生交往，等到真要娶回家，卻只找乖又無趣、條件明顯比男生差、那種罩得住的女生當老婆。」

麗塔也是臺灣人，從小就移民來美國，出身醫生世家。據說當年念牙醫時，父母還皺眉問，為什麼不直接念醫學院？麗塔外型亮眼，蓬鬆的鬈髮、深邃的眼珠、黝黑的皮膚，個性外向不拘小節，人緣非常好。麗塔從小就被教育要考第一名，念書一定要念醫學系，長大挑選伴侶也必須是醫生。父母苦心栽培麗塔傳承醫生世家的招牌，麗塔卻直白地告訴我，那些所謂父母眼中優秀的醫生，其實根本不想娶醫生，他們對賺得沒她多的乖乖女更有興趣。她覺得，要是自己不是醫師，說不定能更快交到男朋友。

在臺灣文化中，娶妻娶德，女生必須先乖，才求優秀，而且還不能太優秀，免得讓男生沒面子，這是非常矛盾的狀態，似乎在愛情和事業中，女人往往只能二選一。女強人這個字眼形容精明幹練、在職場上叱吒風雲的女性，但也帶有盛氣凌人、強硬的意味，不是個完全正面的字眼。反倒中文字典裡沒有「男強人」一詞。父母看到女兒成為女強人時，往往會不免俗的提醒一句：「小心嫁不出去。」

太優秀，竟成女性婚姻阻礙？

曾經我以為，美國主張男女平權，女性應該不會有所謂太優秀的困擾，後來才發現，女性強勢和男性自尊的議題無國界，至少在美國婚姻市場裡，最優秀的女生往往也最吃虧。

蕊娜從一流醫學院畢業後，又去哈佛做次專科訓練。身為一個學霸，蕊娜卻在情場上履交白卷，她感嘆：「男生往往聽到我的工作和學歷後就退避三舍，但拋開履歷表，我只是一個平凡的女生。」

美國國家經濟研究局曾做出一項研究，發現從菁英大學畢業的女性，賺的錢比其他學校畢業的女性高出十四％；而男性無論從哪個大學畢業，賺的錢都差不多。研究同時指出，高學歷女性選擇伴侶時，會要求學歷同樣亮眼，並對伴侶的期待提高標準，導致在二十年後比較不容易結婚。分析這項研究的杜蘭大學教授艾略特．伊薩克（Elliot Isaac）認為：「從菁英大學畢業雖說讓女性收入增加，卻也代表她們的人生重心和價值會擺在工作上，讓她們較不容易踏入婚姻。」

根據時代雜誌報導，在美國各大都市，單身未婚女性薪資高於單身未婚男性約八％，也就是說這些未婚女性在挑選配偶時，有非常大的機會遇到薪水比她少的男性。

芝加哥大學的經濟學者瑪麗安娜．貝特朗（Mariann Bertrand）則指出，女人若賺的比男人多，除了較不容易走入婚姻，也會增添分手的可能。女權運動無論走到什麼地步，在這點上仍不公平。男性優秀會被讚譽有企圖心，女性優秀則被認為會帶給伴侶壓力。

美國女性擁抱單身，寧缺勿濫

美國女性單身的比例正在逐年攀升中。根據二〇一七年的美國人口調查顯示，高達四十五％的成年人是單身，而且有過半的美國人認為，結婚不是擁有快樂人生的指標。

「女人比男人優秀通常都是悲劇的開始。妳看巷口的老闆娘，撐起一家店，老公幫忙看小孩，最後的結局是老闆娘被家暴，老公還劈腿劈上其中一個客人。」在我和虎媽聊起這個話題時，虎媽的傳統觀念令我傻眼。

「都什麼世紀了，難道身為女人的我們還得迎合男性自尊，屈就自己，只為了讓他們覺得好棒棒？要不要順便去裹小腳算了！」真不敢相信這些話出自於從小逼我念英文，要我考高分的虎媽。

「別嫌我老古板，我是說真的。太優秀不是女生的錯，但若男生不夠優秀，這段感情就很難繼續。」

我想起一位遠房親戚Q姨，因為年紀大，而嫁給各方面都不如她的先生。Q姨為了不傷害先生的自尊，拒絕掉許多好的工作機會，只為了和先生同步前進，不跑在先生前頭。Q姨的先生脾氣不好，氣起來還會對Q姨動手，但為了保全先生的面子，Q姨說什麼也不願意報警。我總會想，優秀的Q姨如果沒有和先生結婚，現在會是怎樣一名在職場上發光發熱、改變社會、影響他人的人呢？

和不對的人結婚，真的比單身的孤單寂寞更可怕，難怪優秀的女人不願意結婚了。

慾望城市裡，遲來的右邊先生

「或許我需要等待，但我永遠不會放棄。
我想一半或許是時機、另一半則是運氣。無論你在哪裡，
我相信在對的時候，你會從某個不經意的角落中冒出來，
來到我的生命裡。」
——麥可．布雷（Michael Buble）

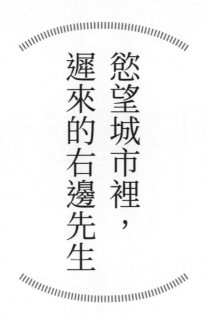

紐約單身女尋愛，《慾望城市》真實上演

根據統計，住在紐約市裡擁有大學以上學歷的女性，超出同等學歷男性的比例高達三十八%。《慾望城市》不是演假的，在紐約，學歷漂亮、事業有成的單身女性，真的滿街都是。

我的好姐妹啾啾，就是其中一枚。

啾啾是當時我們診所裡唯一會講粵語、也是最討病人喜歡的醫生。音調鏗鏘有力的粵語從啾啾嘴裡說出來，卻無比的甜膩細柔。我在小胖老闆[2]診所的看診模式一向是急驚風，以能迅速清光名單上所有候診病人為首要目標。啾啾則恰恰相反，總是不疾不徐的看病人，即便後面有人在等也不以為意。跟她相處過的病人，沒有一個不愛她的，被封為「全診所最溫柔的醫生」。

在恐怖工作環境下的唯一好處，大概就是能因此結交到同仇敵愾的姐妹淘。由於環境待遇實在太糟糕，為了一吐工作上的怨懟，我和啾啾下班後會相約一起吃飯。即便在紐約白雪皚皚的夜晚，仍會找間附近的小館子，叫一桌菜吃個痛快，罵老闆罵個過癮！法拉聖的中國餐館多又多，港式海鮮、臺灣小吃、上海小籠包、日式壽

司，統統都有我們的足跡，我和啾啾的革命情感就這樣一點一滴地建立起來。慢慢的，除了工作上的機車事，我們開始聊起彼此的感情生活、私人話題。

即便在我離開小胖老闆診所後，和啾啾還是會定期聚會，我通常都會抱怨天下好老闆都死光了，啾啾則抱怨著天下的好男人都死光了。

靠網路找 Mr. Right

啾啾大概就是人們口中的敗犬，已經三十好幾的她，長相不差，成熟幹練，經濟能力也完全獨當一面。個性上，我實在是找不到比她更體貼的女孩。生活上，她也不是只知道上班沒生活情趣的魚乾女，舉凡音樂、美食、電影，統統都可以找到話題。她的朋友圈多又廣，也會定期和他們出遊。我就是不懂，為什麼這樣的好女人，遲遲找不到一個懂得欣賞又珍惜她的男人。

於是跟所有單身女郎一樣，啾啾開始透過網路交友和ＡＰＰ，尋找她的右邊先生

2 想知道小胖老闆的精采故事，可參考我的另一本著作《美國人的真正生活》。

（Mr. Right）。啾啾的條件很簡單，經濟獨立自主，沒作奸犯科，和她聊得來，這樣就夠了。啾啾不奢求嫁入豪門，更從沒想過要男人養她。自己想花的錢自己賺，只要男生不拖累她，就算賺得比她少，頭銜不是醫生也無所謂。偏偏這些條件看似簡單，能符合卻是難上加難。啾啾遇過的恐怖男人和我遇過的恐怖老闆數量有得拚。

比如和啾啾完全沒話題聊的藝術家ＡＢＣ男，穿著打扮一身雅痞，但聊不到三句氣氛就結冰；還有小氣控制欲男，愛全程掌控啾啾的行程，吃個飯還要跟她斤斤計較那幾分錢，小費能摳就摳，和啾啾體諒服務人員的大方天差地別；乖乖尷尬男雖然外表彬彬有禮，相處起來卻十分不自在，約會完送啾啾回家，不知道該牽手擁抱還是親嘴，最後只拍拍她肩膀就走人。

但最恐怖的還是賭癮男。雖說是個帥哥，在派對裡永遠笑話講不完，幽默風趣，很容易產生好感。啾啾給我看他的照片，看得出常跑健身房，練就一身好肌肉，啾啾依偎在他身邊，就像小女人一樣，可愛到不行。

賭癮男在軍隊工作，賺的錢不多，但軍方給予的保險費、醫療費甚至是養老基金都相當優渥，每月薪水還是十分可觀。即便如此，賭癮男卻是個不折不扣的月光族，存款非常少，最大原因就是他太注重派頭，花錢如流水，啾啾和他交往期間就換過三部跑車。賭癮男出入賭場酒店多年，早是酒店ＶＩＰ，在酒店享受所有設施都免費。他卻對女友十分小氣，約會總是非常「大方」的讓啾啾一再買單，甚至天馬行空的建議啾啾趕快開牙醫診所，以後他當管事經理，專吃軟飯就好，令人髮指。

啾啾面對男友的種種不是，卻百般遷就，不曾下廚的她甚至為了他洗手作羹湯，做出一碗一輩子都沒做過的湯麵來滿足男友的胃。讓我不禁懷疑這男人到底是上輩子做了什麼好事，才有今日這般的狗屎運？

最後賭癮男劈腿，兩人不歡而散，我心裡雖然拍手叫好，但看到啾啾再度心碎的模樣，著實不忍。啾啾說，她不貪圖錢財也不貪圖身材，只想要一個正常的男人，不用被賭債追著跑的男人，為何這樣困難？在手機那頭，我的心為啾啾抽痛，我懂她的落寞，懂她的憤怒，懂她在愛情的路上，有如在長長隧道裡，看不見光明的無助感覺。

不求轟轟烈烈，平凡就是幸福

後來，我搬到風光明媚的加州，搬家、找工作、新老闆，生活又忙碌起來。我偶爾和啾啾聯絡，有時丟些病人的片子討論，有時純粹五四三的閒聊，但我們都絕口不提賭癮男，就在幾乎快忘了他時，啾啾告訴我，她遇到一個正常的男人了。

正常男或許不及賭癮男的幽默風趣，若真要形容，有點讓我想到舞臺劇《芝加哥》裡，唱〈Mr. Cellophane〉（中譯：透明先生）那首歌的丈夫。正常男不高調，甚至連自拍都會害羞，花言巧語不是他的強項，可是他對啾啾體貼入微，總堅持把啾啾送到車上，查看停車場附近是否有安全攝影機，並且每一次都要求啾啾回家後，一定要傳簡訊跟他報平安。

啾啾的笑容變多了，以前一兩年才出遊一次的她，越來越常去旅行。他們走遍臺灣的夜市、大嚼香港的海鮮、一起爬過紐約近郊的山峰、觀賞曼哈頓的音樂劇，探望普吉島的猴子，見證峇里島的夕陽。我看著啾啾的臉書，照片全部充滿愛的視角，比陽光更燦爛。

某天，我剛從歐洲旅行回來，凌晨五點起床，還在昏昏沉沉的調時差時，收到啾啾從峇里島傳來的訊息：「他向我求婚了！」我幾乎是馬上就清醒過來，開心大叫！

正常男和啾啾在峇里島度假時，一起搭船來到一個無人沙灘，沒有誇張俗氣的千朵玫瑰鋪場，只有白沙、晴空和美到令人窒息的海岸線，就在啾啾忙著拍照，把這一切美景盡收眼底時，他單膝跪下，問她願不願意嫁給他。

就這樣，啾啾得到了簡單、低調又遲來的幸福。我想起我們在紐約小酒館的那些日子，那些失意、難過、痛罵前男友的夜晚，彷彿上個世紀般。我問啾啾什麼時候知道正常男就是所謂的「The One」，她告訴我，是當他一再擔心她的安全，是他要求她到家之後傳簡訊給他、是他慢慢的把她納入自己生活裡，讓未來有她的存在，是那些說起來微不足道的小細節和小舉動，卻一點一滴的用行為表達著他在乎她的每一個瞬間。

「於是我知道，他就是我的 Mr. Right。」啾啾這麼回答我。

啾啾醫師與右邊先生的訂婚照。

婆媳問題無國界

「婆婆就像一輛車子，如果妳不小心點，她將主宰妳的生活。」
——傑米・雷勒（Jaime Lerner）

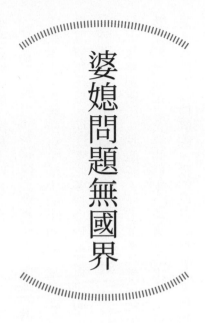

「妳在公婆面前，千萬不能吃那麼快！」虎媽看著我狼吞虎嚥的掃光眼前的食物，斬釘截鐵的告訴我。這不是第一次，也絕不會是最後一次，因為從我有記憶以來，虎媽總是千叮嚀萬囑咐一百件事，告誡我在娘家母親面前這樣沒關係，但在未來的婆婆面前，萬萬不可。

「不然，她會認為我沒把妳教好。」虎媽的擔心，從我的吃飯速度、餐桌禮儀到言談舉止，彷彿所有生活中的小細節，都代表著我的家庭背景、出身家教。當時的我其實很困惑，明明要吃多快多慢是我自己的決定，跟娘家到底有啥關係？

於是，當我和C順利交往不到一個月，他父母約我吃飯時，我緊張透頂！整個早上頻頻跑廁所。吃飯時，所有食物我都只吃一半，連笑都不敢太大聲，和我平日整盤掃光並拍桌大笑的形象有非常大的出入。C大惑不解，今天女朋友怎麼特別反常？於是我向他解釋，我怕自己的食量和大剌剌的姿態會嚇到他爸媽，會覺得我是個沒教養的女孩子！

「拜託！這什麼邏輯？妳就正常做自己就好了！我們家除了我媽，吃得都比妳還快還多，笑得比妳更大聲，請放心的做自己！」

美國以小家庭為核心，夫妻是第一順位

太陽底下沒有新鮮事，婆媳問題就算搬到主張男女平權的美利堅共和國，也一樣存在，而且還榮登夫妻最常吵架原因的前五名。不幸的是，根據婚姻心理諮商師約翰・高特曼（John Gottman）四十年來的臨床經驗，看過近三千對夫妻，發現有將近七成的夫妻，就算鬧到天翻地覆，婆媳問題最後大都無解。

聖經說，男人、女人必須和父母分離，與妻子連為一體。因此在美國，婚後往往會以夫妻和子女所成立的核心家庭為主要單位，也是俗稱的小家庭。美國人在做人生重大決定（不論是工作、學區、買房等）時，會以對小家庭的責任為優先考量，其次才考慮小家庭之外的人，包括公婆、岳父母、爺爺奶奶、叔叔嬸嬸，或其他三百七十九位親戚。

這樣的家庭定位和亞洲社會有非常大的落差。在臺灣，許多夫妻是帶著一個家族的期許和資源共結連理，因此做決定時，自然也必須以家族為優先考量。夫家的需求會因著孝道和長輩的地位，被擺在媳婦之上。連照顧夫家其他成員的需求，往往也歸在媳婦的責任中，甚至有許多臺灣媳婦做牛做馬幾十年之久，也被視為理所

當然，好的話則偶爾「打賞」，壞的話可能連句謝謝都聽不到。但我認為，這個約定俗成的觀念最糟糕之處在於，無論媳婦做得再多再棒，或多或少還是常被當作外人。

乍看之下，美國的小家庭觀念對夫妻倆有較好的保障。大部分美國夫妻和大家族見面，幾乎都在逢年過節，其他時間就各過各的生活，井水不犯河水。婆媳之間像久久見一次面的朋友，有溫和卻也疏離的界線。但這不代表美國女人沒有婆媳問題，相反的，根據劍橋心理學家泰莉・艾普特（Terri Apter）的調查，有三分之二的媳婦認為婆婆會嫉妒兒子對媳婦的感情，小則對媳婦感到不悅，大則對媳婦萬分苛刻。只能說，女人競爭的心態無國界，只要覺得兒子被搶走，再多保護也無法避免婆婆的不安全感出來作祟。

不過，美國的小家庭機制近年來不斷被打破，一方面美國這個文化大熔爐有著多而又多、來自四面八方的新移民，也將故鄉對家族的責任和負擔這類傳統價值一併帶來美國實行。從墨西哥移民到洛杉磯的荷西告訴我，對他們來說，大家族的重要遠勝於小家庭的需求；來自印度的阿施說，他並不特別嚮往談戀愛的感覺，反而很放心的交由父母為他安排婚姻的另一半；嫁給韓國夫君的小咪告訴我，她在職場上雖然光鮮亮麗，專業受人尊重，但在婆婆面前，卻得無條件當個唯唯諾諾的小媳婦。

家人間畫下界線，相處更自在

小傑醫師是個小留學生，高中時移民來美，是謙謙君子一枚，和小傑聊個兩三句，就能看出他臉上寫了個「乖」字，人品相貌各方面條件都不差，帶回家給長輩看還特別討喜。小傑已年過四十，學貸全都還完，也靠自己的能力買了房子。原本我不懂這樣乖順聽話會賺錢的男人，為什麼到現在還沒結婚？直到身為同事相處久了，我才明白。

先別討論媽寶了，每次和小傑攀談，我都有種時代交錯感，小傑明明和我歲數相當，價值觀卻彷彿停滯在父母的年代。小傑每天下班回家都要陪爸媽吃飯，媽媽也每天替小傑帶愛心便當。小傑買下的那棟房子距離爸媽家只有五分鐘車程，只要爸媽一召喚，他絕對放下一切奉陪，於是大多數的週末，小傑都會陪爸媽買菜、帶爸媽出國旅遊。乍看之下沒啥不好，但問起小傑沒打算交個女朋友嗎？小傑說，父母當初移民就是為了要栽培他，經歷許多辛苦，因此他和家人感情十分緊密。可惜大部分的女孩都和他的家人處不好，畢竟他重視照顧家人的責任，但女方不一定能接受，父母也經常不滿意女方，感情往往就不了了之。

像小傑這樣的男生在亞洲社會中不少見，簡單一句，就是對原生家庭從來不知道如何說不、也不被鼓勵說不，到最後就更難成為家庭以外的獨立個體。但在美國文化，個人主義至上，非常講求「尊重界線」，無論是親人、伴侶、朋友、同事，總有一條既定的界線。「界線」在中文裡往往帶有一些負面意味，彷彿必須和某個帶有敵意的人保持距離，但對於美國人而言，畫下「界線」的用意並非把人排除在外，過著與世隔絕的生活。而是透過正確的界線，讓雙方都能保有健康的自我，進而擁有良好的關係。更能因為界線的存在，幫助一個獨立的個體成長，為自己做出最恰當的選擇。

我的ABC友人小菲就說，她寧可自己多存一些錢，晚一點再買房，也不想接受父母幫助。「拿人嘴軟，出錢的最大，這是千古不變的道理。一旦接受了他們的幫助，就必須買一間父母也認可的房子，但我不想要他們干涉我的生活。」

與華人最相似的猶太家庭

而我碰過的所有文化裡和華人文化最相近的，莫過於獨樹一格的猶太文化。每個週末，猶太人都必須守安息日，關掉所有電子用品、停止任何工作交易，用意是讓你放鬆、安息，和家人好好相處培養感情。對猶太人而言，見家族的長輩，接受他們的品頭論足不是逢年過節的特殊事項，而是每個週末都必須面對的常態。猶太家庭關係緊密，孩子被視為父母的延續，而非獨立個體，因此父母往往不計代價的在兒女身上投入一切資源。他們敬老尊賢的氛圍濃厚，和華人文化相比有過之而無不及。這血濃於水的傳統觀念，使得猶太丈夫大多都是溫良恭順的好兒子，猶太媳婦們也都練就一身好功夫，來面對這濃得化不開的親情。

艾莉是我在紐約布魯克林當住院醫師時認識的猶太裔朋友，她是兒童牙醫專科醫師，老公忙於做生意，平日由退休的公婆照看三個小孩。有趣的是，夫妻間常默默較勁，誰可以讓另一半心甘情願的和自己的父母一起過安息日，讓自己的父母能和孫子一起享受天倫之樂，誰就是那個禮拜的勝者。

艾莉告訴我，她剛結婚時，每次安息日都乖乖去公婆家吃飯，但現在，她老公已被調教到每週都請岳父母來家裡吃飯，公婆家一年只去一兩次即可。但為了顧全公婆的面子，艾莉總會花大把鈔票買婆婆愛的珠寶首飾孝敬，感謝老人家照顧小孩，在親友之間頗受好評，也讓婆婆滿意。

米雪兒是我的另一個猶太裔姐妹淘，她從結婚之始就和婆婆不對盤，個性不合外加看彼此都不順眼，偏偏丈夫是個對婆婆言聽計從的小媽寶。婆婆知道媳婦不喜歡她，總趁丈夫上班時偷偷打給兒子聊天，背地裡偷說媳婦的閒話。但米雪兒也不是省油的燈，總會趁安息日必須和婆婆吃飯的時候，故意在婆婆面前暗示要早點離開，好和老公回去房裡大戰幾回合，名義上是為了讓婆婆早點抱孫，實際上是讓婆婆尷尬的知難而退，趕快放人。

與婆婆成為相互敬重的家人

根據我個人不客觀的觀察，若想知道夫妻間誰比較強勢，看他們住的離誰的父母比較近便知曉。美國社會的婚姻裡沒有嫁娶觀念，想當然耳，我身邊的夫妻大都住在娘家附近，往來也比婆家更頻繁。在社群網站常看到帶家人去旅行的，通常都是

與婆婆成為相互尊重的朋友，一同出遊也就不會是沉重的包袱。

女生拉著丈夫和娘家人出去玩，鮮少看到帶著公婆去旅行的畫面。

不過面對這亙古以來便存在的婆媳關係時，翻開臺灣媒體探討有關婆媳問題的文章，大都著重於幫助媳婦看開配合，或是用各種小心機、小巧思討好婆婆，成為令夫家滿意的媳婦。反觀美國，聊到婆媳問題，大多會教妳如何和公婆畫分界線，捍衛自己的權利，拉攏老公在同一陣線上，讓大家都能在對的界線裡生活，保持理性友好的關係。美國文化看待婆媳關係，終極目標不是讓媳婦被夫家接受，而是兒子和媳婦能在公婆面前正正當當的擁有獨立空間，保有自己在公婆面前的地位。

C的那一句要我「做自己」的話還言猶在耳，轉眼間我們已結婚超過九年。到現在，我依然打死也不會在婆婆面前摳腳挖鼻的做自己。那些在飯前一直跑去廚房偷吃菜、無過濾的把心頭不爽快的事吐個痛快，或是回家就癱在沙發上耍廢這類事情，我就只敢在娘家虎媽面前做。不過至少在婆婆面前，我可以放心的把她做的每餐飯都吃好吃滿當作捧場，想笑時也可以放心大笑不用遮嘴巴，雖然說不上是最好的朋友，也或許永遠不會親如真正的母女，但因為我們都愛著C，所以努力的成為彼此最敬重的朋友和家人。

對我來說，這就非常足夠了。

愛情事業家庭三得意？妳可能想太美了

「想像人生是個拋接球遊戲，
你必須同時平衡手裡和拋在空中的五顆球。
這五顆球代表工作、家庭、健康、朋友和精神。
你很快會發現，代表工作的是顆皮球，就算落地也會回彈，
但其他四顆球是玻璃做的，一但任何一顆落地，
就會折損、破壞甚至破裂，沒有修復成原樣的可能。」
——布萊恩・戴森（Brian Dyson）

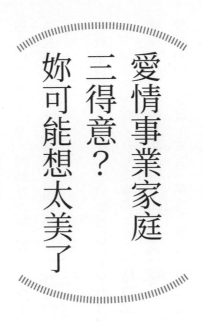

懷孕女性的社會困境

幾年前，CNN曾發表一篇文章「延遲懷孕的巨大謊言」，引起女性的熱烈討論，內容講述許多女性被醫學進步的迷思誤導，認定懷孕可以交給人工受孕或凍卵，但事業不能等。因此許多女人在二十幾歲時拚事業，年過四十再拚懷孕，卻也為此飽受苦頭。職場就是這麼不公平，升遷最快的往往不是男人，就是沒有小孩的女人。

於是身為女人，從小學會安全性教育、為身體立下自主權，年輕就是該拚一番事業，等事業有成，有經濟基礎，反正科技發達，再想生孩子的事也不遲。媒體也總愛報導好萊塢的童話故事，比如荷莉貝瑞四十六歲生第二胎、瑪麗亞凱莉四十二歲生雙胞胎，事業、愛情、親情三得意，這才是二十一世紀女性追求的完美結局。

也許我們該好好檢視自己的真實人生，是不是被自己製造的假象蒙蔽，好像身為女人就一定得當個超人媽媽，愛情、親情、事業缺一不可。但撇掉那些有數不盡的資產請保母的明星級媽媽，大部分女人往往必須捨掉全拿的可能。在抉擇的過程中，放棄事業的被說成沒野心、沒自我的家庭主婦；放棄家庭的被說無肝無肺、沒血沒淚的女強人。甚至政府和大環境的配套措施也在扯後腿，生了小孩可能再也回不去之前的工作，或是若回鍋要有被降職的打算，托嬰系統也可能昂貴到比妳的薪水還高。

小芝是我在紐約很要好的同事，她樂觀爽朗，深受病人喜愛，也是診所業績頗佳的醫師。她懷孕四個月時告知老闆，說快生的時候準備請無薪產假，但還是打算回歸職場（順帶一提，這家診所什麼醫療福利都沒有，全得小芝自掏腰包），老闆和老闆娘想了想，最後居然用一個莫須有的罪名炒了小芝魷魚。原因很簡單，小芝懷孕坐月子期間必須找人頂替，或影響診所生意，不如直接請別人比較快。

我在分享這個故事時，所有人的第一個反應都是「這在美國是犯法的」！我也知道老闆、老闆娘這樣是歧視懷孕女性，但小芝也不敢舉報老闆，要是風聲傳出去，在牙醫這小小的圈子裡就很難混了。大腹便便的她沒有選擇，只能等生下女兒後再重新找工作。

其實美國目前的職場環境，對待產的媽媽極不友善，小芝不是唯一的例子，更別提生下孩子後的方案。根據二〇一六年的報導指出，全美只有六％的公司提供有薪產假，因此產假等於無薪假，我的某個女老闆甚至在助理生完孩子後的第一週就要求她回去上班，也難怪正在拚事業的女人真的不敢生小孩，因為一生，就要有放掉工作的打算。

追求人生成就，孕婦逐漸高齡化

因此不令人意外的，根據《美國小兒科期刊雜誌》報導，女人三十歲以上懷第一胎的年齡逐年攀升，從二〇〇〇到二〇一四年，便從二十四％上升至三十％；而四十到四十四歲懷第一胎的則上升了二％。換個角度想，全心拚事業真的是最明智的抉擇嗎？根據南加州不孕症中心的統計，在醫學不介入的情況下，女人在三十歲以下的自然懷孕成功機率約為二十九％，三十一到三十四歲為二十二％，三十五到三十七歲為十六％，三十八到四十歲為九％，四十到四十五歲為二％。逐年下降的主要原因，不外乎卵子的品質會隨女性年齡而下降，而且年紀越大，懷孕時所要承受身體風險也越高。

好萊塢明星看似幸福快樂的結局，仍屬數字中的極少數，那些成功案例光鮮亮麗的背後，又有多少女性因受孕失敗而陷入低潮，卻必須在白天時擦乾眼淚，強顏歡笑的到職場上打拚，把辛酸一個勁的往肚子裡吞。醫學上給予熟女生子的幫助確實不小，卻無法有絕對的保障。根據美國疾病管制局的最新數字，十五到四十四歲的女性有十一％被檢測出有不孕症等相關問題，其中二十九％能透過醫學幫助順利懷孕，但只有二十四％能順利產下孩子。也就是說，超過七成求孕的女性無法藉由醫學技術順利懷孕，即便花了大錢求助於醫學，仍飽受求子不順的痛苦。

事業、愛情、親情三得意，可遇不可求

朋友小娜和老公在矽谷灣區買了一棟房子，住北加州的人都知道，這在矽谷天龍國[3]就表示「you've made it」的象徵。小娜在科技公司當主管，老公是醫院的人事經理，兩人白天認真工作，回家卻愛種有機蔬果，種出來的佛手瓜是我吃過最清甜的品種。他們看似過著神仙眷侶的生活，小娜卻告訴我，她為了生小孩受盡各種折磨。小娜在做試管嬰兒的過程，必須整天吃賀爾蒙、打賀爾蒙，在身體極度不舒服

3 我對美國北加州矽谷、灣區等地一概稱為「天龍國」，想知道更詳細的原因，可參考《美國人的真正生活》一書。

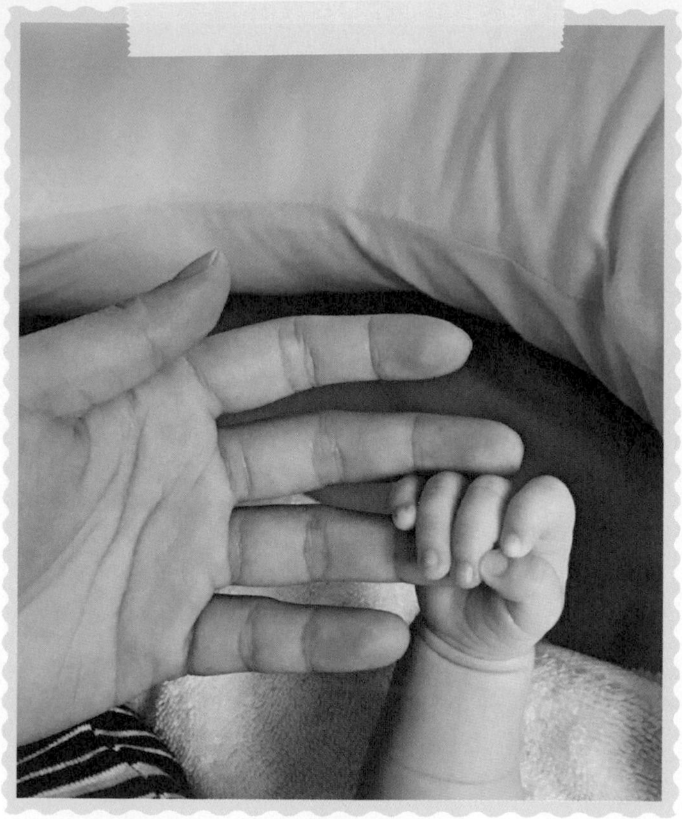

在生育年齡與事業成就上，女性總是難逃「時間」的殘酷考驗。

的情況下還是硬著頭皮將僅有的兩個胚胎植入，最後卻因為不穩定而導致流產。但小娜說身體的痛苦不是最難熬的，最艱辛的是心理的折磨，受賀爾蒙以及結果成敗的影響，她的情緒搖擺不定。「我回頭看才發現，花了那些年輕歲月努力工作，到頭來卻因為長期工作的壓力，賠上了擁有家庭的夢想。」小娜說著，哭了出來，我在旁邊也一陣鼻酸。

吉賽兒是C在洛杉磯診所的同事，是個年過四十的小兒腦神經內科醫師。事業有成的她，和身在東岸的建築師老公過著遠距離夫妻生活，假日互相探望，長假就一起旅行、享受生活。吉賽兒每年替診所賺的營業額至少八十萬美金起跳，最近忽然發現自己想生孩子，才驚覺沒有想像得那麼簡單，於是卯起來看不孕症專科。最後吉賽兒為了能和老公積極做人，決定狠下心揮別高收入的診所，搬到東岸重新共組家庭。

根據美國一項調查顯示，四十到四十四歲沒有小孩的人口，在一九七六年約占一成，到了我們這一代攀升至五分之一。其中選擇不要小孩、和努力懷孕卻毫無結果的比例，則各占一半。我們往往聽到的口號就是努力工作、充實自己、不要被家庭束縛……這些我都同意。我並不鼓勵沒準備好的女性隨便抓個人結婚生子，只為了和妳的生理時鐘賽跑，但我也認為女性應該在面對經營家庭和衝刺事業的抉擇前，要有更完善的了解和準備。很少人會告訴妳做人工受孕每天被針扎的痛苦，或是流產而導致的低潮期有多難受，以及高齡產婦必須面對的風險。無論在美國或臺灣，面對這樣敏感的議題，似乎都還是在姐妹間的耳語流傳居多。

「男主外，女主內」已被顛覆

黛西是位成功的稅務律師，在全職工作之餘還創了兩個品牌：線上珠寶及婚禮顧問。她和先生結婚三年，黛西白天上班時，先生就幫忙打理兩個品牌，和廠商接洽、接收客戶訂單等，外加照顧他們養的皇家貴賓犬。除此之外，打掃浴室、吸塵、清理家裡、做早餐給老婆吃等所有家事，也是他的工作。

陶德是我在舊金山天龍國的病人。他來診所洗牙時，一再叮囑我他兩點半前得離開，去學校接女兒放學，等會兒還得載她去足球校隊練習。問他為什麼不是老婆接送，才知道原來陶太是婦產科醫生，上班時間長，這些瑣碎打雜、接送照顧小孩、煮飯洗衣的工作自然就落到陶德身上。陶德是工程師，自己在家當老闆，寫寫程式打雜工，最主要還是繞著小孩的行程表跑。

丹妮是我在紐約的病人。我念牙醫系時，她剛生完小孩。她是個出過好幾本書的作家，老公是普通上班族。我問丹妮會不會睡眠不足，畢竟每兩小時就得起床一次，對許多媽媽來說是個天大的噩夢，她告訴我倒不會，因為她會和老公輪班，有時候老公起來餵奶，有時候是她。孩子是兩個人的責任，要缺睡大家一起缺睡。至於那些洗奶瓶尿布的雜事更不用說，老公也得包辦。

我父母那一輩的女人，認定丈夫是天。父母在家庭中的關係和定義似乎以分工來代表，媽媽就是得煮飯打掃，爸爸就是養家賺錢。沒有人會質疑為什麼男人總可以翹著二郎腿坐在客廳裡等開飯，即便爸媽同樣都上班，同樣有工作，但想辦法把菜煮好放到桌上，大多都是媽媽的工作，小孩的大小瑣事自然也落到媽媽身上。

這趨勢在我們這一代正在慢慢被改變。兩性平權不再是口號，雖說希拉蕊在上次美國總統選舉中，仍未打破最堅硬厚重的天花板；雖說女人的薪水依舊只有男人的七十七%，但我在舊金山天龍國開始看到新興的家庭關係。父母從分工合作慢慢演變為「只要你能做我就能做，誰可以就誰去做」，顛覆了舊有的家庭傳統框架，「男主外，女主內」不再是唯一準則，新一代的「男主內」正悄然崛起。小孩哭了不一定找媽媽，有時反倒會找和他們較親的爸爸。

這樣的關係也同樣影響單身者的擇偶條件。在天龍國舊金山，釣個金龜婿，從此當個少奶奶，這樣的際遇並沒有想像得令人稱羨。男人挑選伴侶時，勤儉持家、溫良恭儉讓的美德不會是吸引他的首要條件。反倒是妳能侃侃而談自己的事業與夢想，那種閃閃發光的眼神更讓人羨慕，其中又以能讓妳自由掌控時間的工作最教人讚嘆，也更容易令男性著迷。

我問過身邊一票單身男子，他們的擇偶第一條，除了長相身材這種大家心知肚明的基本條件，好幾個人都說，希望自己的另一半知道自己「要什麼」，知道如何「為自己而活」。反之，女人看男人，也從能否養家活口，轉變為能支持自己的夢想，挑戰思維為首要。願意給附卡的Sugar Daddy，遠不比一個願意幫孩子換尿布的Super Daddy來得有意義。

選擇更多，掌握打破框架的勇氣

不過，男女有別，懷孕生子一直都被視為職場升遷的天敵，逼得女性往往得在家庭和事業之間做選擇，正如偶像劇《荼蘼》的劇情，讓年過三十的我也心有戚戚焉。科技帶來便捷，凍卵及試管嬰兒已成為新一代女性的另一種選擇，許多美國保險公司也開始提供凍卵的服務項目，甚至舉辦講座和派對，讓更多女性了解凍卵知識。讓女性可以在衝刺事業時，將年輕品質好的卵子凍結，待事業有成後再拿出來取用。雖然手術費用一點也不便宜（夠你兩趟的歐洲奢華之旅、或買好幾個名牌包），也不能保證之後一定能成功受孕，但對這些熱愛工作，捨不得放棄升遷機會的女人來說，確實是一大福音。

或許事業、愛情、親情三得意可遇不可求，我身邊的眾多姐妹都做出了不同的抉擇，雖說大部分的人生總是三缺一，但當我看到她們為自己的選擇努力踏實的活著，才了解真正的勇敢，不一定是說走就走的勇氣，有時候是明知道這條路上充滿荊棘，卻願意為自己的決定，一步步的走下去。

美國，對職場上的母親最不友善的國度

「我確確實實地告訴你們：一粒麥子如果不落在地裡死去，
它仍然是一粒；如果死了，就結出很多子粒來。」
——〈約翰福音〉12：24

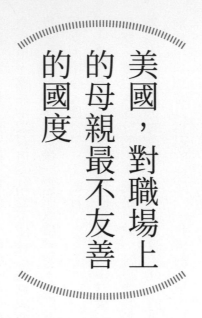

當我思索上一輩的女人，她們讓我深深敬佩的是堅強的韌性，不屈不撓，為家庭、先生、孩子無怨無悔的付出。男主外女主內的背後，是許多女人默默的犧牲與奉獻。不同於以往，現今一代的女人的幸運，是能夠擁有上一代所沒有的機會與選擇。因為選擇，才讓她們擁有打破框架的勇氣，努力追夢，且勢在必得。

我的母親虎媽在鄉下長大，一生最大的夢想就是能在美國拿博士學位，並且日後在教育領域上發光發熱。在虎媽拿到教育碩士，準備繼續攻讀博士時，發現自己懷了第二個小孩。於是，準備好的申請書沒寄出去，為博士所做的前置作業全都停擺，這一停就是十來年。虎媽當年的同窗有的去當校長、教授，甚至開起補習班當名師。反之，虎媽卻將她的青春歲月埋首於接送小孩、督促功課、煮飯餵奶、還有教小孩念英文上。

女性平權的美國，對媽媽缺乏友善

上個世代的女人地位較低，女子無才便是德的觀念普遍，人生價值也往往寄託於另一半或下一代的成就。隨著男女平權興起，栽培女兒和栽培兒子同樣重要，女性被教導努力向上、追求夢想，這個思想在美國尤其普遍，根據美國教育局的數字，女性的大學生比例超越男性，高達五十六％。但無論女性平權運動再進步，還是過不了成為人母這一關，往往因孩子出生，必須在事業上有所妥協，為家庭犧牲。每個孩子笑容的背後，都存在著一個母親被埋葬的自我。

雪柔．桑德柏格所寫的《挺身而進》（Lean In）一書，在美國曾紅極一時，許多女性更把此書奉為聖經，期許自己在職場中和男性比肩，努力脫穎而出。這觀念固然沒錯，但許多女人為人母後才發現，美國的體制對母親兼顧職場不僅不友善，甚至相互矛盾。根據《華盛頓郵報》資料顯示，美國有七成五的人認為若家裡有小孩，女人最好當全職或兼職媽媽。但若將同樣問題換作問爸爸，只有二十四％的人認為爸爸應該暫停工作來陪伴孩子成長。而矛盾的是，有高達八成的美國人反對女性回歸社會中較傳統的地位，期許女性隨時代進步，能夠有除了家庭以外的自我、事業和價值。

這使得美國女性在當媽之後，被要求不只顧好家庭，還必須同時兼顧事業和愛情，成為超級女強人。也難怪報導指出，在美國有高達六十四％的母親，即便家中有六歲以下孩童，依然從事全職工作或努力尋找工作機會。

虎媽抱著剛出生的樹寶。

美國家庭主婦比例節節攀升

在我身邊，虎媽不是唯一的例子，不論臺灣還是美國，女人在家庭和事業的取捨是一大難題。在經濟許可之下，許多女性選擇放下或暫停工作，委身於家庭。根據美國皮尤研究中心（Pew Research）統計顯示，家庭主婦比例正在慢慢攀升。

T太太是紐約大學碩士畢業的社工系教授，卻因照顧兩個孩子而暫停事業五年，目前正在考慮是要回歸職場，或直接拚第三胎；我自己在紐約時，也分別被兩任老闆找去談合夥開業，這是商機破百萬的機會，最終因要陪C來加州而作罷。看著我身邊的同學開業的開業、賺錢的賺錢、買房的買房。我卻因為當了媽，工作也改為兼職，過著拍嗝、換尿布和餵奶的生活。要說我心裡完全沒有掙扎，那是騙人的。

雖說根據資料顯示，家庭中若有一個全職家長，通常孩子會感受到較少的壓力和攻擊性，在校成績也比其他人更優異。但全職媽媽往往比職業婦女更容易感到與社會脫節，同時也有更高比例的難過和憤怒情緒。在外工作有老闆的肯定和工作成就感，但媽媽是個無聲的職業，孩子往往對母親犧牲的百萬分之一都不見得知曉。同為全職媽媽的D媽告訴我，她先生一遇到挫折就拿卡狂刷，但她每天忙一雙年幼的兒女，連和先生吵架的力氣都沒有；F太太乍看有著美滿婚姻，其實深受憂鬱症和焦慮症所苦，雖然曾經接受心理醫師諮商，卻在生下老三後必須停止，因為找不到人可以幫忙看小孩，讓她繼續諮商。

最不光鮮亮麗的偉大職業

當母親沒有SOP，其過程一點也不光鮮亮麗，更多時候是披頭散髮，汗水淚水交織，並且不斷問自己這樣做到底對不對，但這些母親為了孩子努力的模樣，在我看來卻無比動人。

虎媽放棄了攻讀博士的夢想，成為她一生的遺憾。她當初不知道，她懷上的第二個孩子愛哭又難搞，長大後還會時不時的反抗，讓虎媽頭疼不已。最後在虎媽苦心逼念英文之下，這個孩子到美國當了牙醫，離開了虎媽，一年不一定能見到一次面。

我問虎媽，如果重新來過，是否會做出同樣選擇？她告訴我，雖說沒能拿到博士是她一輩子的遺憾，但她一點都不後悔，再重來一次，她還是會這樣做。

為每一位在角落默默努力的媽媽加油。

瘋狂的天龍國媽媽

「我今天所成就的一切，或是我所希望成為的一切，
都來自我那天使般的母親。」
——亞伯拉罕・林肯（Abraham Lincoln）

你對「全職媽媽」的想像是什麼？披頭散髮、整日追逐屎尿屁、不問世事當個黃臉婆、叨叨絮絮但關切的都是芝麻小事？這樣的刻板印象，對美國其他地區的全職媽媽或許適用，但在美國矽谷天龍國，全然不是這麼回事。

表姐E大我七歲，就像我的親姐姐。E在南加州當了多年老師，還拿下教育碩士，遇到在矽谷擔任工程師的表姐夫後，就愛相隨搬到了北加州。北加州的托嬰費用不便宜，光是請保母的費用每個月平均要價三千三百美金（約新臺幣九萬九千元）。為了給小孩最優質的照顧，E毅然決然辭去工作，專心家裡顧小孩，正式踏入矽谷東灣的天龍國全職媽媽圈。

講究細節、追求極致

矽谷的全職媽媽們用另一半賺的錢來養家綽綽有餘，但可別把她們和那些只想裝乎水水、刷老公信用卡的獎杯太太[4]畫上等號。天龍國媽媽可說是臥虎藏龍，通

[4] Trophy Wife，意指妻子是用來彰顯老公地位與財富的花瓶，具有貶意。

常具有超高學歷或漂亮的工作經歷，也有過人的能力和抱負。根據統計，在美國有近三成的全職媽媽。一般以為學歷越高的家庭，全職媽媽比例越低，在矽谷卻是例外。根據網路保險公司Haven Life更進一步的調查發現，在美國全職媽媽最高比例的城市，矽谷南灣區的森尼韋爾市（Sunnyvale）就位居前五名，其中父母教育程度在高中以上的比例高達九成二。反觀第一名，位於德州的拉雷多市（Laredo），父母高中畢業的教育程度則是六成八。

因此，不同教育程度和工作背景的全職媽媽，無論生活方式或教育孩子的方式都截然不同。雖說經濟能力不成問題，但你鮮少看到她們花錢跟風去買名牌包，寧可用來買高價位的酒莊紅酒、或農夫市集的有機美食。她們也很關心時事議題，川普就職時，可在舊金山街頭看到許多全職媽媽的身影，有些請老公幫忙看小孩，有些直接把小孩也帶去抗議現場，成為教育小孩公民運動的活教材。

E住在治安良好、學區優良的東灣郊區。她的家就像我的半個娘家，我住北加州的那一年，就算車程要一個小時，每個月我都甘願跑個一兩次。表姐生了一對可愛到不行的兒女，吃的東西好比聯合國，印度的咖裡、黑色的生橄欖、中東的鷹嘴豆泥、韓國的飯捲、越南三明治……比我這個成年人的餐桌還多元。然而，多數美國小孩愛吃的麥當當薯條或老爺爺炸雞，他們從沒看過。

正餐如此，點心當然也不馬虎，表姐喜歡做各種季節甜點，通常都是超市買不到的，當大部分美國小孩在秋天時都在吃超市買的加工南瓜派時，E的小孩則在吃柿子佐核桃餅乾，用當季採收的有機柿子晒成乾，切小塊放入餅乾，配新鮮核桃，營養價值高又美味。

雖說E和表姐夫是雙碩士，但這樣的學歷在這個優質學區裡根本平凡到不行。E對面的鄰居是律師加會計師，左邊則是大學教授和博士的結合，右邊是雙博士，後面則是婦產科醫師和工程師。住在這樣的學區裡，好處是大家都敦親睦鄰、客客氣氣，但壞處在於，要在這樣的社區生存，有著不為人知的「天龍媽媽潛規則」要遵守。

有一回，E的女兒學校要帶點心，為了避免帶到同樣的食物，家長就利用電子郵件聯絡。家長有兩種選擇，忙碌的職業婦女媽媽就用買的，但不是隨隨便便去超市抓一包餅乾就交差了事，而是要去純有機、純手工的在地店家，最好還要標榜無添加物沒色素、三天後就會過期的點心，才能顯出誠意。而像E這樣的全職媽媽，當然要動手做最好，不但可以控制熱量，還能選購高檔食材餵飽這些小小天龍人的胃。

表姐興高采烈的在電子郵件裡說，她打算用有機玉米自製新鮮爆米花。沒想到其中一名天龍國媽媽冷冷的回覆：「喔，但那是用非基因改造（Non-GMO）的玉米嗎？我兒子只能吃非基因改造的食物。」

從自身角度出發的社會關懷

這些天龍媽媽也不只關心小小天龍人吃的食物，更多時候，她們也非常積極的在公共議題上發聲，尤其面對跟小小天龍人有關的議題。E家附近的馬路沒有Stop Sign[5]，但那裡是許多小小天龍人放學必經路口，如果在美國其他地區，大多數媽媽摸摸鼻子，叫自己的小孩過馬路時小心一點就算了。但天龍媽媽們可不是省油的燈！為了小小天龍人的福祉，必須請政府新增一個Stop Sign才是

5 在美國，Stop Sign 非常常見，路口若沒紅綠燈，就會放置 Stop Sign 強迫車子暫停後再起步，以策安全。

經過 F 太太的努力，社區終於在路口設立了 Stop Sign。

王道！

先說明，和美國官僚的市議會打交道，等同於和五百隻樹懶一同工作，效率比一隻烏龜還慢，但這都改變不了天龍媽媽的決心。E的全職媽媽圈子裡，有一位F太太曾經是律師。F太太開始查詢關於放置Stop Sign的相關法律程序，同時查看這個路口多年來發生交通事故的頻率；另一位J太太開始召集其他全職媽媽，幫忙挨家挨戶的請大家連署；其他媽媽則負責狂打那些得打上五十通才會撥通的政府部門電話，聯繫該區市議員並蒐集資料，製作聽證會簡報。

最後，F太太用當年當律師的功力，在聽證會上拿出強而有力的數字說服市議員，還找社區的媽媽及小天龍人們，一同闡述對該十字路口中沒有Stop Sign讓他們感到多麼害怕，對自身安全多麼憂心，感人肺腑得只差眼淚沒有掉下來。市議員和相關部門人士對這群媽媽的效率和凝聚力嘖嘖稱奇，最後終於臣服於這群天龍國媽媽之下，同意在路口增設Stop Sign。

或許會有人覺得這些天龍媽媽有點神經質、有點瘋狂、有點over，但換個角度想，她們曾經在職場或學業上意氣風發，當為了家庭放掉一切時，心中的不平衡難免也會比其他女人更強烈。畢竟全職媽媽這個角色沒有掌聲、沒有工時，更沒有薪水，當她們埋首於社區工作、街頭運動、甚至是親子教育，會懷抱更多的衝勁，也是可以理解的。

在我看來，這就是天龍國全職媽媽最可愛的地方。

Chapter 3

美國女強人，對抗不平等

女性難以擺脫的職場困境

「作為一個傑出的人，就是對種族或性別歧視最大的阻礙。」
——歐普拉（Oprah）

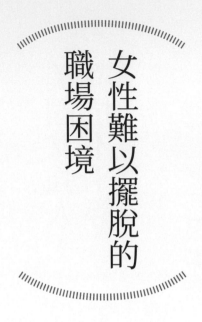

剛從ＮＹＵ牙醫學院畢業時，我花了不少時間尋找第一份工作。由於我履歷投得非常廣，因此有幸到各式各樣的診所面試：有位於地下室，完全沒有窗戶，萬一有火災全部人都會死在裡頭的幽閉恐懼症診所；有不願意花錢整修的小氣鬼老闆，診所環境看起來停滯在七〇年代；有醫師娘身兼櫃臺小姐和經理，但從頭到尾都在上網血拚，老闆一句話都不敢多問的妻管嚴診所。但最令我印象最深刻的，莫過於位於紐約郊區長島市的名醫診所。

那間診所窗明几淨，大大的落地窗面對整片草皮，不同於一般牙醫診所總用亮白色牆面使空間看起來更寬敞，這間診所費盡心思裝潢，鵝黃色牆面、復古吊燈，牆上還掛著許多名畫，診間的設備也齊全新穎。櫃檯小姐彬彬有禮的請我坐在迎賓處等候，我環顧四方心想，這大概是我面試過環境最好的診所，也應該符合許多人對理想診所環境的定義。

診所老闆的社交手腕極其靈活，曾接受美國電視臺ＡＢＣ新聞採訪，是社區內名氣響亮的醫師。面試開場非常一般，你好我好大家好，彼此自我介紹，講完工作相關內容後，名醫診所老闆停頓一下，看著我的眼睛。

「那麼，我想問妳一個比較私人的問題，妳有打算生小孩嗎？」

面試了這麼多間診所，這是第一次有人開門見山地問我一個和工作完全不相干的問題。

「目前沒有。我先生是個住院醫師，生活很忙碌，生小孩不在我們目前的規畫裡。」我微笑的回答，心裡卻有千萬個想法湧上——這不是美國嗎？這不是紐約嗎？問面試者是否打算生小孩，還以其回答作為判斷提供工作與否，不是違法的嗎？如果今天我單身，他還會擔心這些嗎？我於是發現，在那光鮮亮麗的診間、名醫老闆的光環背後，說穿了也只是一個自私自利、不在乎員工家庭的老闆。只要我能替診所賺錢的能力因懷孕大打折扣，這間診所到時絕對會把我一腳踢開。

走出那間診所，我的心情其實很糟，因為我意識到一個殘酷的事實：在美國，女權運動不論多進步，在職場上永遠沒有平等的一天。

勇於追求事業，反被指公主病？

根據皮尤研究中心調查發現，美國有四十二%的女性曾在職場遭受不平等待遇，包括與男性做同樣的工作，薪水卻明顯比男性低；被認定因為是女性，工作表現一定不佳；被輕視或輕蔑的對待等。除此之外，有五十七％的女性認為美國在性別平等議題上，還可以為女性做得更多。

艾倫是在矽谷大公司的女主管，工作表現傑出，無論在客戶或同事眼中都備受肯定。在某個機緣之下，艾倫的上司問她，是否覺得自己該被加薪升遷。在美國職場沒有溫良恭儉讓這回事，對於薪資或待遇不該等老闆施捨，反倒鼓勵員工在能提供足夠證明時，把握機會努力爭取加薪升遷的機會。艾倫於是直截了當地告知主管，自己的確該被加薪，並逐一列出原因。

過沒多久，艾倫的確得到她自認應得的升遷及薪水，但也從那一次之後，被主管們冠上驕傲、目中無人、甚至公主病的標籤，只因當主管問這個問題時，艾倫沒有假惺惺地推掉機會。

艾倫忿忿不平的說：「如果今天我是個男人，別人會說我積極進取，努力爭取往上爬的機會。就因為我是女人，他們就覺得我驕傲自大，好像女人就不配得到升遷機會，面對這種提問就該假掰的推掉，即便我付出的心血從來沒比別人少！」

對女性職位的刻板印象

瑞秋是在人事部門工作多年的非裔女性，負責訓練公司新進人員。因著瑞秋的黑皮膚，不少新進職員在接受訓練時，總先入為主的以為瑞秋是助理，殊不知瑞秋是資深經理，頭銜比這些菜鳥都來得顯赫。

對於女性的職場歧視，我在職場上也沒少碰過。

「醫師，我相信妳是個好醫師，真的，但妳看起來真的很年輕，我還是想要給比較年長的男醫師看。」對我說這話的人是個白人女病患。美國有句諺語：「Asian do not raisin.」中文翻譯是，亞洲女人永遠不會老，又或者說不會像葡萄乾那樣人老珠黃有皺紋。我不知道是否該感謝我的保養品讓我看起來青春永駐，或者我該覺得自己被冒犯，因為這位病患認為我是年輕女性，所以我的牙科技術一定不如年長男醫師。

「謝謝妳幫我洗牙，但我想請問，真正的醫師什麼時候會來看我？」對我說這話的病人更是不計其數。在美國，很多時候洗牙是由口腔衛生師（Dental Hygienist）完成，再由牙醫師檢查蛀牙。因此不少人會直接認定幫自己洗牙的女性應該是口衛師，而非牙醫。

如果下班後我穿著制服去超市或餐廳，大部分人第一眼猜我的職業都會說是護理師、醫師助理、牙科助理，通常到最後才會猜是醫師。即便已經二十一世紀，似乎大家普遍對女性不太可能是醫師的刻板印象仍然存在。反倒是C下班後穿工作服，許多人猜他的職業第一個就會直接猜醫生。我更曾經參與過一個在美國以臺灣牙醫為名的餐會，只見在前方端茶倒水、登記賓客姓名的全是女醫師，男醫師則只要在旁邊盡情聊天打屁就好。

孩子只是媽媽的事？

在我生了小樹寶寶後，回到工作崗位，每一個人都問我：「妳在上班，小孩誰帶？」而C的病人沒有一個問他小孩誰帶的問題，只會單純的恭喜他、替他開心。小孩的養育責任並不只隸屬於母親，父親也要負同等責任，但社會大眾難免在面對這樣的狀況時，都認定想辦法在工作與家庭之間找平衡點是女性的職責，男人只要把工作做好即可。

這樣的不平等和性別歧視無所不在，甚至到最後已經令人麻痺。身為女人，我們積極進取並不代表我們驕傲自大。我們有豐富的情感，這不代表我們不理智、情緒化、敏感。我們可以是專業領域上的菁英，別人口中的女強人，但不代表我們冷血無情。

請不要因性別而小看女人的價值，在人生的各個領域上，我們一點也不遜色。

職業婦女、家庭主婦——天下的媽媽都是一樣的

「無論妳的受孕是精心計畫、醫學輔助，或完全出乎意料，
有一件事可以肯定的：那就是妳的人生將不再一樣。」
——凱薩琳·麗塔瓊斯（Catherine Zeta-Jones）

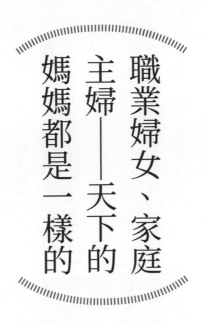

美國奶粉公司曾經有一則令人印象深刻的廣告，大意是不同的母親因教養方法和條件的不同，比如自然產剖腹產、母奶配方奶、親餵瓶餵、職業婦女家庭主婦、紙尿布布尿布等，組成了不同的小圈圈，在公園裡互相批評對方。直到一個嬰兒車不小心滑下山坡，所有媽媽一起追著嬰兒車跑，最後看到寶寶沒事，早前唇槍舌戰的媽媽們放下成見，握手擁抱。

當媽之前，我也習慣以批判角度看待身邊的媽媽們，畢竟出一張嘴論斷別人總是特別容易。不論是堅持使用布尿布的環保媽媽、沒事就拿乾洗手起來用的神經質媽媽、一生小孩就和全世界斷絕往來的新手媽媽、聊天總是不離屎尿屁的全職媽媽、或是只餵有機食物的天龍國媽媽，都讓我想對著他們大叫，搭配馬景濤式搖肩膀：「這世界不會因為沒有照妳的堅持養小孩就毀滅，更不是繞著妳的小孩打轉！能不能深呼吸，放下妳的執著？」

當媽後，才發現我的想法有多單純可笑。媽媽這身分沒有標準作業程序，每個孩子都是獨立個體，每個母親在人生路上都不停在摸索前進，同時也會懷疑自己做的對不對。媽媽為家庭做的選擇實在太多太繁瑣，認真聊起來可能一千零一夜也聊不完，今天就挑最顯眼的兩種來聊：職業婦女VS.家庭主婦。

閒閒在家VS.失職的母親

花媽是撫養兩個孩子長大的全職媽媽，家人就是她的全世界。替家人買菜時，會分三個不同的超市購買，以達最大經濟效益。聊天話題不外乎是老公小孩小姑婆婆，外加西瓜怎麼挑比較甜、葡萄在哪家店有折扣。花媽經常遭受到親友鄙視的眼光，覺得她只不過是個閒閒在家的主婦，常被質問為什麼不去找工作。為了捍衛自己的選擇，花媽宣稱對孩子最好的莫過於母親的陪伴，並對那些永遠工作第一的職業婦女頗不以為然。

金媽則是擁有四個小孩的職業婦女，熱愛工作帶給她的挑戰，因此四個小孩全是由外婆帶大，親子關係疏離，除非重大節日，不然鮮少聯絡。金媽放不下工作帶給她的成就，卻仍希望孩子能和她多親近一些，她對孩子表達關愛的方式就是逼小孩把書讀好，把工作找好。金媽在親友之間的評價仍然不高，認為她把母親的職責推給外婆，是個失職的母親。

無論美國和臺灣，每個女人在步入家庭時都必須面臨這個沒有解答的課題，做出選擇後，往往覺得別人的草皮都比較綠，似乎怎麼做都有遺憾。我和許多媽媽們深聊後，發現沒有一位母親是對自己的決定毫無懷疑的。根據《富比士》雜誌調查指出，約有三十四％的母親認為有了孩子後，會影響工作表現，甚至希望自己能在家陪孩子，而不是在外工作；四十三％的職業婦女會因他人眼光，覺得自己陪孩子的時間不夠。但這不代表全職媽媽就好過，二十五％的全職母親覺得犧牲了自我，而且全職媽媽比職業婦女更容易感到憤怒和憂鬱。

現代美國媽媽，更想當全職母親？

雖說美國職業婦女的母親比例高達八成，但《富比士》雜誌指出，一九六五到一九七六年間，大批X世代母親帶領女性成為職業婦女，這個潮流在千禧世代慢慢翻轉，越來越多女性選擇在家帶小孩。根據資料顯示，大約有五十六％的千禧世代母親希望能在家多於出去工作，甚至有高達三十九％的單身女性希望日後能成為家庭主婦。這些數字並不代表這些女性希望在家當個像花媽一樣的傳統母親，而是在美國對母親極為不友善的職場環境中，難以找到工作時數彈性、以平衡家庭為優先的工作。

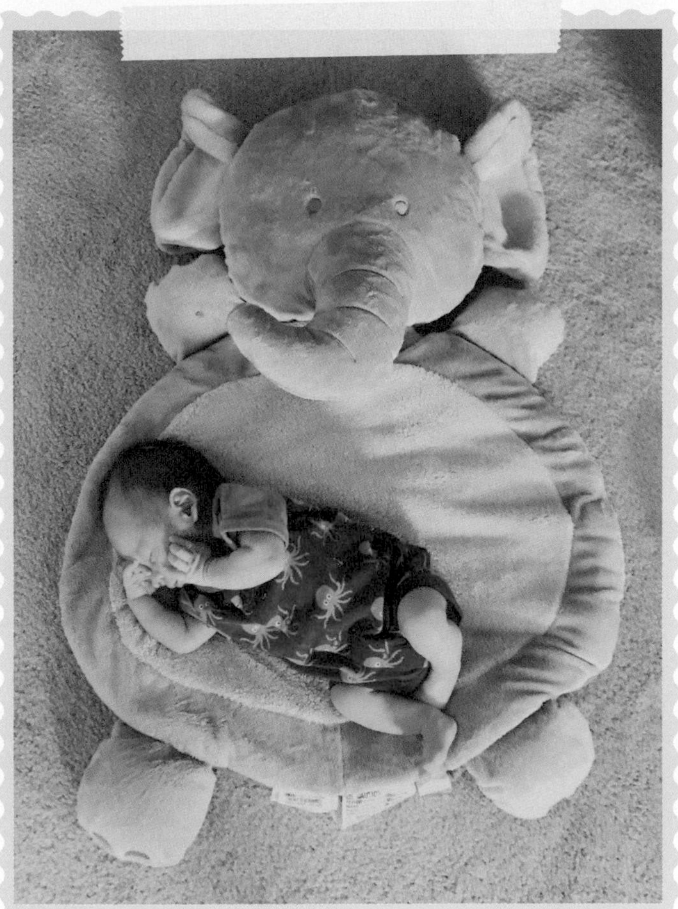

有了兒子樹寶後，我更能體會職業婦女與家庭主婦的不容易。

工作和家庭雖兩難全，卻也不再只能二選一，而是考驗著女性的智慧，如何將家庭擺第一，並且把工作融入其中。根據NBC新聞報導，有四十三％的女人在有小孩後會辭去工作，但有高達六十五％的女性，就算有小孩還是想繼續工作。感謝科技的發達以及在家工作的新趨勢，讓這些媽媽們重回職場時，可以擁有在家工作的選項，有些媽媽甚至直接卯起來創業。

妃太是我和C的朋友，在密西根州金融業上班，因老公的工作搬到加州，開始在家上班，繼續替密西根州的公司賣命。隨著兩個小孩出世，妃太用她賺的錢請了保母，保母看小孩時，她可以繼續在家工作，不但能盯著保母，也不會錯過小孩的每一個成長過程。

我生下樹寶後，選擇把牙醫工作改為兼職，並趁樹寶睡覺時專心寫稿。我去看病人時則輪到C在家上班，順便帶樹寶。我們的決定也曾遭受質疑，覺得我浪費牙醫的技能和NYU貴鬆鬆的學費。但我和C都覺得，寧可目前賺的錢少一些，光環小一點，卻不想錯過親眼見證樹寶的成長過程。

大多數母親都和花媽、金媽一樣，對自己的選擇有著許多不確定，但我們更該學會對自己寬容，也對他人寬容。無論最終給孩子的成長環境是什麼，無論有沒有乾洗手、是否用紙尿布、能不能長時間陪伴孩子，不管全職媽媽或職業婦女，都沒必要為這些針鋒相對，我們更該看到那種種堅持的背後，一顆想被理解、用盡全力愛孩子的心。

那個奶粉廣告用了一句話來結尾：「或許我們的看法不同，但最終，我們都是父母。」

美國男女薪資不平等進行式

「我的母親總是教導我，凡事講求平等是非常重要的家庭倫理。
而我認為，薪資議題就攸關所有人的平等。」
——麥可・本田（Mike Honda）

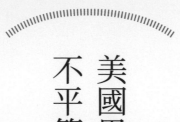

美國是個提倡男女平等的國家。從一八二〇年，蘇珊・安東尼[6]為女性爭取投票權，一路走到了今日，美國女性在社會上的地位已經大幅提高。甚至根據美國人口調查局資料顯示，近年來女性在接受高等教育的比例，已經悄悄超越男性。光是美國的碩士學位就有三分之二是女性，而在其他專業訓練（如醫學院、法學院、藥學院等）的比例，女性比例超過四分之三。職場上，各行各業都主張男女平等，各大公司也喜愛營造不歧視、不為難女性的形象。

但是，即便男女平權的口號如此響亮，若以同樣工作和背景來討論，女性在薪資上，仍比男性還要低約十九％左右。女性薪資難以超越男性已經不是新聞，但為什麼女生越來越會念書，荷包卻不見得比較飽？這數字的背後隱含了諸多原因。

[6] Susan B. Anthony，美國民權運動領袖，在十九世紀參與美國女性爭取投票權運動，也是女權雜誌《革命》的創立者之一。

女性往往是家庭主要照顧者

根據哈佛大學教授瑪麗・布林頓（Mary Brinton）指出，男女薪資永遠不平等的其中一大原因，就是女性被要求同時兼顧家庭與工作，導致她們無法和男性同事一樣投注大量時間在工作上，女性因家庭而放棄事業的比例也比男性更高。根據二〇一五年，白宮發表的一項調查指出，若真的順利提升女性的就業機會，比如提供更彈性的工作時數，給予更多產後育嬰假等，那麼女性就業產能可望為美國GDP提高九％。但美國政府針對這部分做的依然有限，美國也是唯一到現在仍未全面給予育嬰假的已開發國家，大部分育嬰假也均為無薪制，女性若決定生小孩，則要有看緊荷包、盡早存錢的心理準備。

住在瑞典的友人阿丹告訴我，瑞典有非常完善的育嬰體制，不只認為母親該多陪伴新生兒，父親也可以請育嬰假。他說，若在街上看到兩個男性推著嬰兒車，可別馬上認定是同志伴侶，「當然，如果他們牽著捲毛貴賓狗，又穿粉紅色緊身褲的話則例外。」阿丹打趣的說。秉持父母都應該和新生兒相處的觀念，瑞典父母可以得到高達三百九十天的有薪產假（提供約八成薪）。

我在懷孕時，曾讀過一本有關法國教育文化的書《為什麼法國媽媽可以優雅喝咖啡，孩子不哭鬧？》（Bringing Up The Bebe），書中描述法國母親不但被鼓勵盡早恢復身材、回歸職場，法國政府對托嬰和幼兒教育也有著高標準的制度。不但托嬰和幼教教師培訓過程嚴謹，還必須過五關斬六將的考試、面試，才能成為托兒所員工，照顧幼兒被社會認定為值得尊敬的專業，才能讓所有父母都能放心的托育嬰幼兒。

反觀美國，即便有所謂的證照，但保母和托兒所的師資良莠不齊，加上美國政府長年對於幼教的預算補助有限，美國各地有不少地區根本缺乏好的托嬰服務，或是價格昂貴，讓媽媽們無法回歸職場。我的表姐E在生小孩前是老師，但隨著三個小孩出世，她算了算，必須年薪大約九萬美金才能打平托嬰費用，把當老師的薪水全投進去都不夠，決定還是自己在家帶小孩比較划算。

工作條件不平等

「商業內幕」（Business Insider）網站更進一步在美國各大主要城市分析男女薪資

比例差異，發現薪資懸殊差距最大的在科技重鎮——天龍國舊金山和西雅圖，最少的則在洛杉磯。

而美國智庫組織「經濟政策研究所」（Economic Policy Institute）調查發現，女性占多數的工作往往薪資較低、時數較長、工作較沒有保障。而且在選擇大學科系時，理工、電機、電腦、物理等相關科系的男性都多於女性。少數真的進入這些行業的女性，往往在進去後才發現面對的是對女性極不友善的工作環境。二〇〇八年的一份調查發現，有五成二的女性因科技業對女性不友善和極高的工作壓力而選擇求去，形成惡性循環，讓女性不被鼓勵進入這些由男性主導卻高收入的職業。即便女性奮發自強，大力進攻某種行業，但研究也顯示這些被女性占據的工作，會在十年過後薪資下降，反倒是當男人占據這些工作時，薪資會上漲。

C的表妹是矽谷工程師，柏克萊大學畢業的她，順利在矽谷找到一份高薪工程師的職位，卻不到一年就跳槽到谷歌去了。她說，進去後才發現和她類似經歷、且同樣職位的男同事薪資比她高上一大截，她和主管及人事部攤牌，他們卻不願調整自己的薪資，讓她嚥不下這口氣，下定決心在合約到期後走人。

文憑成為找長期飯票的工具？

有張光鮮亮麗的文憑對女性來說，並不代表一定能在職場發光發熱，甚至對某些女性來說，文憑就如同長相、家世、身材一樣，是能尋找長期飯票的工具。許多家世良好的男性選擇伴侶時，並不只想選胸大無腦的辣妻，談吐氣質、品味都能幫襯自己的女性更為迷人。矛盾的是，這些男性在婚後並不期待老婆辛苦的工作，反而希望她打扮美美的去社區舉辦慈善晚宴，我把這類女性稱為「高學歷花瓶」。

麗迪是我在ＮＹＵ牙醫學院認識的同學，在那個超過九成學生都必須貸款的情況下，家境優渥的麗迪一毛學貸也不必背，全由富爸爸買單。麗迪一頭棕髮，長相甜美，人緣也不賴，唯一的缺點大概是手上技巧差強人意，不過牙醫學院的大家都在學習當中，鑽牙沒鑽好也不是什麼天大的新聞。只不過畢業後，麗迪一個病人都沒看過，藉由父母安排的相親，迅速結婚生子，老公總愛向別人炫耀自己娶了個牙醫，反正有沒有執業大家也不一定會問，都是牙醫不要分那麼細。

安娜是我的另一位同學。在學校時，安娜就發現自己痛恨牙醫這一行，但這時已經是牙醫系第三年，學費都繳了一半，只得硬著頭皮拿到學位，就決定在家相夫教子。她的臉書上從沒有出現過一顆牙齒或和工作有關的照片，都是在晒小孩的豪華生日趴踢照。對安娜來說，老公的薪水用來養家綽綽有餘，牙醫學歷給她的是醫師頭銜和光環，不是為了工作。

電影《飢餓遊戲》的好萊塢知名女明星珍妮佛・勞倫斯，被公認是全世界最富有的女演員之一，但在二〇一五年，她所屬的新力電影公司薪資相關資料外洩，她發現自己的薪資和其他男明星有非常大的落差，讓珍妮佛・羅倫斯感到忿忿不平，她接受紐約時報訪問時說到：「我並不氣新力公司，但我氣我自己，因為我太早放棄談判……其他男明星都努力周旋，讓他們拿到非常優渥的片酬，我相信他們會被稱讚為非常懂得談判技巧、積極進取，而我卻忙著擔心自己會不會在為我應得的酬勞奮鬥時，看起來像個討厭鬼。」

或許困住女人薪資的除了傳統框架、不公平的薪資系統、各項歧視以外，有的時候，還有自己。

矽谷媽媽創業記

「在我看到你的時候，我就知道一趟冒險即將發生。」
——《小熊維尼》

見到Y之前，我的心情有些緊張。由於我和Y有個共同朋友，發現我們兩個都在加州矽谷南灣區、兩人的先生從事的行業性質也頗類似，堅持要我們見上一面。對這種和醫師娘吃飯寒暄的聚會，我本來興致缺缺，以為會是個擁有完美妝髮、外加瞳孔放大片、手拿名牌包的貴婦，但友人拍胸脯保證，我一定會喜歡Y，我才勉強同意。

果不其然，一看到Y，發現她的打扮比路人還路人：素顏，破舊的牛仔褲，揹個大背包，一邊在親餵她的小兒子，一邊吼她大兒子不要亂跑。我一出現，就給了我一個大大的笑容，親切的用大嗓門打招呼，實在太對我的胃口。一聊之下，發現Y根本是我身邊無數醫師娘裡，活得最另類精采的。

深山叢林長大，養成獨特國際觀

Y出生於日裔美國人家庭，從二次世界大戰後的祖父輩那一代開始，家人要不從事教會事工，就是學齡前教育的工作，像托兒所、幼稚園園長等。Y的父母從事語言人類學的研究工作。這世界上的文化傳承，大都來自於語言，但許多偏遠地帶的

矽谷媽媽Y從小在印尼鄉村長大。（照片提供 @yukaripresents）

Y在肯亞那幾年，就像回到兒時的菲律賓般自在。（照片提供 @yukaripresents）

原住民沒有辦法將他們的語言或文化變成手寫文字流傳下來，因此Y的父母便像是這些少數文化的書記翻譯官，到偏鄉打入當地文化，記錄他們的語言文化，保存住這些珍貴的原住民文化和歷史。

因此，Y從小生長的地方不是都市，而是深山叢林。自她有記憶以來，就與印尼的阿魯人[7]為伍，所說的語言是他們的原住民語Kola，半年住在阿魯，半年隨父母到日本居住，以便父母撰寫整理資料，這就是她的童年。

如此與眾不同的生長環境成為Y的成長養分。阿魯人的經濟困難、文化落後，當世界已經打過兩次世界大戰，他們還是舉著長茅去獵魚、穿著連衣服都稱不上的布料，或接受其他國家的衣物捐贈。但Y說，即便環境貧苦簡陋，沒有電腦或電視，可她在那裡的童年無比開心。記得有次削芒果皮不小心割破手指，玩伴立馬帶她去鎮上給一個老阿嬤處裡（畢竟醫生這種東西，在偏遠地方完全不存在），老阿嬤連眼睛都沒眨一下，用她的高丹丸散處理完畢。

Y說，其實孩子處裡危機的方式，比我們想像得多很多。她發現，社經地位越低的孩子（比如和她一起長大的小孩），越知道如何照顧自己和他人，而且有非常大的責任感，甚至是驕傲與歸屬感，因此在村莊裡，大人捕魚做工，四、五歲的小孩就能背著剛出生的嬰兒到村裡辦事，根本非常正常。這些孩子或許沒有平板電腦和手機，爸媽也沒空追著他們吃飯喝水寫作業，可他們怡然自得，把自己和身邊的人都照顧得很好。

「妳看，他們也沒餓死，活得好好的啊！」Y攤攤手。

一九九六年，印尼內戰爆發，Y和家人被重新分派到菲律賓。Y從一個叢林換到另外一個叢林。Y高中就讀菲律賓國際學校，校外教學不是去美術館或博物館，而是去附近的垃圾山、水汙染最嚴重的地方，教導高中生環境汙染的嚴重影響。這讓Y開始對環保議題感興趣，於是在上大學那年帶了三百美金、兩個皮箱、一件風衣，來到美國東部喬治亞州。Y在美國的第一年，很快就發現那件風衣根本不夠力，差點沒把她的屁股凍得掉下來。但Y逐漸適應了美國的生活，念生物系的她把握住機會，徹底投身於環保議題。幾年後，她被派遣到非洲肯亞探查珊瑚礁，記錄地球暖化對珊瑚礁的影響力。

Y告訴我，在肯亞的那幾年就像回到菲律賓的怡然自得。Y不再化妝，重新素

---

7 阿魯群島（印尼語 Kepulauan Aru），位於印尼東部，是大洋洲上約九十五個低窪島嶼組成的群島。

顏。因為伊斯蘭文化，她在肯亞也穿起長裙和套頭。套頭並不是受宗教影響，而是真的在炙熱太陽底下會涼快許多。這段經歷最讓Ｙ感受深刻的，是世界的資源有多不平衡。

「那裡網路實在不發達，沒有電視或手機，我想說做手鍊來打發時間，才發現單單一個做手鍊的事也很不容易。比方說，我必須拿錢給司機，請他帶我去市場，去市場必須挑有進貨的那幾天，還必須祈禱你去的那天剛好有進珠子，也不太可能五顏六色任君挑選，可能就一兩種，一切水到渠成，你才有機會做成手鍊。」

沒有便利商店，沒有大賣場，Ｙ最後在這些開發中或未開發國家，都鮮少以撿便宜的心態跟賣家殺價。「你可能只是殺了一塊美金，覺得有殺價的快感，可對他們來說，可能是一整天的薪水。」

特立獨行的天龍國媽媽

Ｙ在肯亞時，和現在的老公Ｌ開始了遠距離戀愛，用電話卡維繫感情（但電話斷線實屬常態）。Ｌ是史丹佛醫院助理教授，和Ｙ結婚後，生了兩個超可愛的混血寶寶。L是神經科醫師，有的是機會去私人診所開業賺取大把鈔票，但L喜歡做研究，因此選擇待在學術界，另一方面也是想多花時間陪小孩。

以醫師的薪水來說，L的薪水少得可憐，他們在這矽谷天龍國裡，甚至具備向政府領取低收入戶補助的資格，但L堅持如此，他每天最享受的事就是早晨把小孩叫醒，晚上哄他們入睡。他或許是醫生中賺最少的，Y永遠無法刷他的卡買香奈兒，小孩更不可能進明星私立學校，可夫妻倆活得愜意開心。

當矽谷媽媽們擠破頭的想把孩子送往好學區，拉攏關係甚至排候補都無所不用其極時，他們好整以暇的將小孩送往公立幼稚園，學校裡的其他同學也多是拿政府低收入補助就讀——這都是天龍國媽媽避之唯恐不及的那種。Y堅持，就算社經地位有差異，但人和人之間的相同遠大於相異，這是她童年的體驗，也是她最希望孩子學會的一門功課。

當矽谷媽媽一股腦的想讓孩子贏在起跑點上，小小年紀就學會算數單字各種才藝時，Y對於學齡前教育不能等的想法，卻不是叫他們整天背單字學日文，而是帶他們旅遊世界各地，吸收不同文化。兩個學齡前的兒子足跡已經踏遍墨西哥、歐洲、日本和美國各地。身為成長於第三世界國家文化的小孩，Y說，她覺得最像回到家的時刻，就是在旅行時。

論及小孩的教養，Y告訴我：「我不希望小孩的童年是乾淨卻無聊的，我希望他們的童年骯髒卻快樂。」在矽谷尤其崇尚無菌式教養，小孩打出生娘胎以來一粒灰塵都不能沾，乾洗手當水在用，不是有機食物和非基因改造食物就不能餵小孩。Y這麼跟我說的時候，她的小兒子正在地上抓土吃土，咧嘴朝媽媽大笑。

Y瞥了一眼，繼續怡然自得地說，「我希望孩子從小就能接觸各種不同的人，越多不同的社經地位越好。我的成長環境是叢林、偏鄉，吃了各種垃圾或看似不乾淨的食物，但我也沒有因此少一塊肉或成為國家的害蟲。我相信不管我把他們放入哪一所學校，有多少不同的人，影響他們最深的終究是父母。教養和教育的責任不能只推給學校和社會體系，家庭還是占有最大的份量。」

以媽媽需求為出發，開創事業第二春

很多人以為Y步入婚姻就是人生的休止符了，她卻閒不下來，反而利用這個契機，在矽谷創立了Roovillage，開始類似Airbnb的托嬰服務。

Y步入家庭前，在美國拿了公衛碩士，又拿了傳播學博士，從肯亞回來後，便到醫療科技公司上班，從事大眾網路市場分析，慢慢做到了主管職。婚後隨著小孩出生，但公司肯定Y的能力，讓她搬到加州還可以繼續在家工作，於是Y開始尋求托嬰，畢竟即便她在家上班，但小孩在旁邊吵還是什麼都不能做。一查之下，發現美國托嬰普遍非常昂貴，卻也異常過時。

在矽谷南灣區，一個禮拜三天、一個小孩的托嬰費用，一個月就高達一千七百美金，一年下來就要兩萬零四百美金，相當可觀。但繳了這筆錢，就算偶爾沒去托兒所，也同樣必須繳交費用，好提供托兒所的各項支出與開銷。除此之外，找托兒所的方式一樣令人頭痛，網路資訊有限，有時甚至還得翻找舊式電話簿查找。即便找到了，所有聯繫方式都沒有下文，或是千辛萬苦聯繫上，還得額外花五十美金才能被放到候補名單。

種種不便，讓Y萌生「若有Airbnb版的托嬰制度，那該有多好」的想法。她無意間和大兒子幼稚園的老師K聊起這個想法。K是那種所有生日派對點心、裝飾都自己來的巧手媽媽，也擁有教育碩士學位（在矽谷天龍國，連幼稚園老師都一定要碩士級別），非常了解家長和老師的需求，兩人對這個想法極為契合，但還是不知道該怎麼在矽谷創業。

這時，第三位創辦人——矽谷媽媽J出現了，J媽畢業於耶魯大學，成為全職媽媽前，待過谷歌和臉書的財政部門，專門替公司處理併購案。不但工作上是女強人，還有專業侍酒師證照，不得不感嘆矽谷媽媽真是臥虎藏龍，單一工作和身分對她們而言，大概太無聊了。與Y一見如故後，J決定用她的專長加入，負責規畫公司財務。

就這樣，三位媽媽開始創業，成立了Roovillage。我問Y這名字的意義，她說Roovillage要拆解成兩個字彙，一個是Roo，代表的是袋鼠Kangaroo的縮寫。她們的創意靈感來自於一個袋鼠媽媽抱著襁褓中的小袋鼠，在城鎮裡跑來跑去；而Village（城鎮），則來自於英文諺語「It takes a village to raise a child」，得用全城鎮的力量，才能撫養一個孩子。孩子的生命不只有父母（雖說父母的影響力可說是居首），也需要其他人的照顧和關心，才能安然成長。Roovillage希望當這個城鎮的媒介，運行模式靈感來自Airbnb，在共享經濟的年代，屋主不在可將屋子出租；同樣道理，趁著托兒所有學生請假時，將名額在Roovillage釋出，讓臨時有托嬰一、兩個小時需求的父母，也能以極低價格將小孩放在有證照的托兒所。

媽媽的需求啟發了 Y 的創業靈感，一邊帶孩子一邊創業，仍甘之如飴。（照片提供 @yukaripresents）

丈夫支持，矽谷媽媽放手一搏

創業當然不是充滿粉紅泡泡，從得到老公支持、到真正將點子變成真實，就花了兩年，中間Y還順便生了第二胎，充分反映媽媽的真實人生。三位媽媽從開始只投入一點點空閒時間，後來越做越順，Y也辭掉主管職，將整個時間心力都投注進去。不同於一般OL光鮮亮麗的去面試，三位媽媽在考察托兒所時，往往披頭散髮，素顏揹著大背包就拉著小孩去觀摩。這反倒讓托兒所的人更加肯定他們，也更願意合作，因為她們反映出來的正是最真實的媽咪面貌。這就是Y的品牌宗旨，希望結合更多媽媽的力量，連公司LOGO都來自一位當時懷孕七個月的臺灣媽媽之手。Roovillage上線後，媽媽們反應熱烈，目前已正式和三十家托兒所合作，還有五十家正在洽談中，未來更打算從矽谷南灣區開拓至東灣區。

我問Y，和矽谷媽媽們一起工作是什麼感覺？她說，是一種高效率高效能的體驗，但都是媽媽，也多了突發狀況的體諒。比如小孩今天忽然生病，這絕不是一般公司能接受的請假理由，但創業夥伴都很能諒解（還會叫妳千萬不要來開會，萬一傳染給另外兩個媽媽，後果不堪設想）。見面開會，大家先吐槽的不是主管八卦，而是昨晚睡了幾小時，有時罵罵豬隊友，有時罵罵小孩，變成非常療癒的職場文化。不過，媽媽們的兩小時開會時間也是用零碎時間外加小孩睡覺時間擠出來的，分分秒秒都珍貴，因此她們也會兩小時當四小時用，手刀光速的討論所有事項。Y說，即便這讓她的時間更少了，卻也更滿足開心，至少對小孩的耐心就多到她自己都沒預料到，平常小孩重複問五次問題就會受不了的她，現在回復二十次都沒有問題。

「畢竟妳知道的，媽媽快樂，全家就快樂！」Y大笑。

由媽媽們親手打造的品牌文化，少了很多修片裝飾的時間，多了很多大哭大笑的素顏時刻，我被Roovillage打動的是她的真實不矯情，不用孩子的過份修圖照來洗版或刷存在感，而是正視許多媽媽的問題，挺身而出找出解決方式。也證明了，媽媽不只是媽媽，當一個癱瘓的托嬰制度惹毛了媽媽們，千萬別小看她們的力量。一旦媽媽卯起來下定決心，就會直接創立一個新興的系統給你看。

矽谷CEO媽媽的全能保母徵人啟事

「身為一位職業婦女，我需要一個太太。」

——矽谷 CEO 媽媽

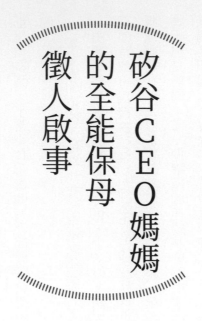

二〇二〇年初，美國被一則矽谷ＣＥＯ媽媽徵保母的文章搞得天翻地覆，雖說這則貼文目前遭到刪除，但還是被貼心的網友備份。

這篇文章引起我注意有好幾個原因，其一是這位矽谷ＣＥＯ媽媽所住的地區，就是我在北加州住過的門洛帕克（Menlo Park）；其二，這篇徵人啟事毫不避諱把天龍人的心裡ＯＳ全都講了出來；最後一點，身為一個母親，在網路罵聲一片的同時，我也看到美國社會對女人身兼母職所背負的期許有多麼的不公平，那些家庭愛情事業三得意的母親，對大部分家庭來說，根本是個不切實際的謊言。

先簡單介紹一下故事背景，這位媽媽單親、是矽谷某家公司的ＣＥＯ，看得出來財力雄厚，擁有一對十歲的雙胞胎，因工作繁忙，想為小孩找個稱職的保母。

這篇超過一千字的徵文啟事原本沒有打算公諸於世，是保母仲介公司給她的人選總是不符資格，比如塞給她只照顧嫩嬰的保母。這種狀況在美國保母仲介公司很常見，我的朋友Ａ媽就曾抱怨，想替她七、八歲的兒子女兒找保母，仲介公司送來的人選卻參差不齊，有些只會洗衣煮飯、有些根本不想照顧小孩，更有人連保母都沒做過。因此，矽谷ＣＥＯ媽媽決定鉅細靡遺的寫出她對保母的期待，卻不知怎的被外洩出來。

衝破地表的超高標應徵條件

矽谷CEO媽媽住的門洛帕克位於知名城市帕羅奧圖（Palo Alto）隔壁，包含了一大部分的史丹福大學學區，臉書、谷歌的發源地也都在此。根據資料顯示，門洛帕克有近七成居民都擁有大學以上學歷，是全加州甚至全美學歷最高的城市之一。這裡的租屋機會更是一屋難求，我當時也傾盡九牛二虎之力，才擊敗五組人馬，搶下一間租屋。

可想而知，矽谷CEO媽媽對保母的規定，可不是找個高中生或退休人士偶爾來陪小孩玩遊戲就好。仔細看她列出的條件，會發現符合的機率比中樂透還低：必須大學畢業、精通社交、有足夠的精力陪孩子玩耍、精通西班牙語或法語、擁有CPR執照、駕駛安全、能教小孩彈鋼琴或吉他，最好還要有救生員執照。

除此之外，要隨時隨地和小孩玩數學遊戲、規畫並訓練小孩做家事、確認不適合的衣服是否在效期內有歸還並拿到退費（這項被很多人轟是媽媽太愛買衣服，不過我猜是小孩的衣服常常買了才發現不合身，需要退貨）等。廚藝非凡也是必須的，還要願意努力研發新菜單，能掌握有機食物並配合所有人的過敏體質，也絕對不碰牛肉，因為牛的飼養和處理過程對天然環境造成負面影響，是天龍人的大忌。

矽谷CEO媽媽工作壓力大，有好的心靈調劑和下班後生活非常必要，因此有一大部分的條件放在旅遊，包括要求保母計畫家族旅行，使用信用卡點數精算旅遊開銷、利用Excel規畫家族旅行、甚至能找到志同道合的小孩玩伴變成家族旅伴一起出遊。矽谷CEO媽媽還希望保母熱愛登山健行、騎腳踏車、游泳、衝浪，最好能有中級以上的滑雪經驗和在國外的開車經驗（包括如何在雪地中駕車）。而且不論是國外還是國內旅行，都能夠擁有良好的態度，不會被小孩惹毛，並且主動帶小孩，讓CEO媽媽有機會可以自己去放風。

美國社會對母親的不友善

矽谷CEO媽媽這篇貼文引起網路極大討論，她在接受匿名專訪時澄清，她願意用非常豐厚的酬勞來換取這一切的服務，價位訂在一個小時四十美金，這樣一年約有八萬三千美金的酬勞（約新臺幣兩百五十萬元），這還不包含可以免費住在他們家附泳池的保母小屋（可省下每月約三千美金的房租）、醫療保險、年休和病

門洛帕克就位於史丹佛大學所在的帕羅奧圖隔壁，圖為俯瞰史丹佛大學校區。

假，以及每年和他們出國的免費機票和住宿。

「我發現我必須花很多時間去查資料、整理、決定該報哪一個暑期夏令營或課外活動，因此我決定將這些瑣事都外包。對我來說，我最想做的是把事業弄好，然後成為最棒的母親。」她也指出，如果這篇徵人啟事是由一位男性發出，大概不會像她一樣成為千夫所指的對象。她覺得她的要求並不過分，更強調：「我是一個充滿大愛的人，我每次都會把保母納入我們的家庭照顧裡。」

這則徵保母文，勾勒出美國大環境對母親這個職責不友善的事實，對想要家庭事業兼顧的女人，同樣有著高標準。最後，矽谷CEO媽媽說：「如果是雙親家庭，我會認為另一位家長會挑起一些家務的責任。但大部分的女人告訴我，她們還是必須搞定家裡的一切。身為一位職業婦女，我需要一位太太。」

母親無法外包，兼顧事業家庭的兩難

就算和保母合拍全家福，也不代表是一家人，更不代表母親的職位可以被外包。看得出這位矽谷CEO媽媽希望自己能在孩子成長的過程中不缺席，那些好玩、舒服、享受的，她想要全部參與，而那些惱人、麻煩、繁瑣的，則全部交給保母處理。矽谷CEO媽媽期望用重金買下一個不只是交差了事、而是更像母親般全心全意的超級保母。但只要你細讀內文，也會發現，矽谷CEO媽媽也強烈要求保母知道自己的分寸和地位，搞清楚自己終究是外人，別想成為能取代母親或和母親爭寵的人。這讓我想到電影《寄生上流》裡，社長強力要求下屬遵守那一條「不能逾越的界線」，卻又想用金錢購買超越工作的情感，是在我看來最為矛盾之處。

祝這位矽谷CEO媽媽好運，不過我還是很懷疑她能否找到符合一切條件的保母（或伴侶）就是了。

各行各業出色胚，無所不在的職場性騷擾

「你要記得，艱難的一天能使你更加強壯。」
——亞莉珊卓・芮斯曼（Aly Raisman）

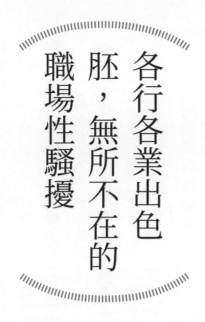

「我跟妳說，我跟我老婆不合很久了。」這是妳期待已久的面試，但沒想到會是這樣的開場白。他中年，禿頭，長得或許算人模人樣，可眼睛老盯著妳的胸部看，讓妳非常不舒服。

「我們兩個感情不好，床上尤其不順。妳知道的，男人都有這樣的需要，我目前正在積極物色一個小女友。」妳不知道他跟他老婆不合跟妳接這份工作有何關聯，妳的第一直覺告訴妳應該現在轉身就走，可妳想到那即將到期的房租，不得不按捺自己情緒，繼續直視著他，聽他說話。

「妳很辣！我真的很喜歡妳的身材。如何？要不要考慮接下這份工作？順便當我的小女友？」面試官眼神閃耀，一點也不害臊的問。

難以杜絕的職場性騷擾

我知道上述情節看起來像是三流色情片或肥皂劇，可卻是真實發生在我身邊的事實。劇中的不速鬼就是我的某任色胚牙醫老闆，而劇中身材曼妙的女主角，則是那數不清的櫃檯小姐、牙醫助理。色胚老闆徵人，第一個看的不是談吐與經驗，而是臉蛋和身材。我身邊的每個助理小姐都凹凸有緻，有胸有屁股，完全看得出老闆對女人的品味。雖說助理和我抱怨時，無不憤慨激昂，遇到這種老闆，三十六計走為上策！但這些二十出頭的小女生，甚至三十好幾的輕熟女，為了家計房租，只能卑微地在大城市裡討生存，結果都是摸摸鼻子，繼續替這位不速鬼老闆賣命。上班時被言語吃豆腐已不足為奇，捏屁股、摸胸等噁心行徑更是樣樣都來。

根據統計，有高達七成五的女性遇到性騷擾時會選擇不舉報，即便妳是那勇敢的二成五，仍有超過一半的職場性騷擾最後都不了了之。就算舉報給公司，人資往往都會打官腔，說詞不外乎是這位猥瑣男的工作表現優良，不能因為個人行為損失公司利益等荒謬的理由。多數女性——不論是小牙助還是矽谷天龍國的創業老闆娘——為了保住飯碗或剛起家的公司，只能選擇忍耐，不把場面搞僵，以免斷了後路。

席捲全球的 #MeToo 浪潮

美國文化看似自由自主，其實許多層面仍十分落後陳舊。但不同於上個世代的女人，面對性侵或性騷擾往往選擇隱瞞，席捲全球的 #MeToo 運動之所以一發不可收拾，一大主因便是受害女性不再甘於躲藏在陰影底下，出來挑戰這個由男性主導的不公義框架。

二〇一七年二月，一名前 Uber 女員工蘇珊・富勒（Susan Fowler）踢爆 Uber 公司內部的性騷擾案件遭公司高層蓄意包庇的醜聞。這對矽谷長久以來只看結果、不看個人道德操守的男性優越職場文化而言，無疑是一顆震撼彈。這起踢爆成為 Uber 創始人辭職的導火線，也使得二十多名高、低階主管被炒魷魚。

矽谷瘋創業已經不是一天兩天的事，許多創業公司都是小而迷你，一人包辦兩、三人的事，人事部門都直接省略，即便有人資管理的職位，但矽谷一向輕視所謂職場官僚文化，人資可能只是單純負責面試而已。矽谷這種看似不拘小節、以業績為導向的工作文化，造就無限商機，背後卻是四分五裂的內部企業文化。

因此，越來越多任職於高科技產業的女性——尤其是白手起家、獨自創業的女性——站出來共同揭發矽谷長年以來，女性被性騷擾的狀況。許多女性為了創業到咖啡廳、餐廳或酒吧談生意，卻遭遇性騷擾，對於標榜走在時代尖端、以平權文化為傲的矽谷來說，是極大的諷刺。遺憾的是，科技業女性居然有高達六成五都曾被性騷擾過。

沒想到矽谷的性騷擾案只是冰山一角。二〇一七年底，美國名製作人哈維・溫斯坦（Harvey Weinstein）被多名女星指控，常利用自己製作人身分的權勢，脅迫女性成為性騷擾或性侵犯的對象。隨著越來越多女性勇敢站出來指控，外加媒體輿論的關注，哈維・溫斯坦徹底從娛樂圈寶座跌入谷底，#MeToo運動就此星火燎原般，性騷擾案件如同雪球越滾越大。該年底，《時代雜誌》更將這些願意揭開傷疤、打破沉默的#MeToo女性列為時代雜誌人物，又名「Silence Breaker」。

勇敢站出來，卻成眾矢之的

當心理學教授克莉絲汀・福特（Christine Blasey Ford）出面指控美國最高法院大法官布雷特・卡瓦諾（Brett Kavanaugh）曾對她性侵，整起事件卻演變成政治操弄。美國輿論分裂成兩種極端，大部分人認為福特博士說的是事實，但也有很多人認為她的指控是企圖影響卡瓦諾的大法官提名。最終卡瓦諾依然順利成為大法官，福特博士卻遭到許多人士具名和不具名的攻擊和騷擾，不但失去工作，還被迫搬了四次家。

但#MeToo運動並沒有因此而消滅，性侵和性騷擾議題在美國持續受到關注。二〇一八年，美國體操國家隊的隊醫賴瑞・納薩爾（Larry Nassar）就被指控性侵了一百五十六人，且大多是未成年少女。但當這些受害的體操選手站出來挑戰美國奧林匹克協會和體操協會時，才發現其中存在了許多包庇，成為多場悲劇的幫兇，造就納薩爾多年來肆無忌憚地對這些女孩下手。

出來指控納薩爾的奧運金牌得主芮斯曼說，她之所以願意站出來，是因為看到其他年輕的選手挺身而出，給了她力量和勇氣。有人問芮斯曼是否擔心因為出面指控，影響下次進入奧運體操國家隊的可能。

芮斯曼回答：「這是一個很好的問題。但我認為勇於發聲，並且去改變，好讓所有體操選手都能更加安全，比拿奧運金牌更加重要。」

矽谷只看業績的文化看似自由開放，卻暗藏許多不為人知的潛規則。

4

Chapter

在美國生小孩，媽媽的一把辛酸淚

生一個孩子有多難？

「祂醫好傷心的人，裹好他們的傷處。祂數點星辰的數目，一一給它們起名。我們的造物主偉大，大有能力，祂的智慧無法測度。」

——《詩篇》147：314

懷孕生子這關，是我人生中最困難的瓶頸。

三十歲前，大家都怕懷孕，多數夫妻都還想過兩人生活，少部分不小心懷孕的年輕媽媽，看著閨密和老公去熱帶島嶼度假，只能欣羨的繼續換著尿布，悔恨自己當初為什麼不避孕。三十歲後，情況恰恰相反，身邊所有人彷彿只要看對眼就會懷孕——除了我們。

在我和C工作都上軌道後，我們開始旅行，也開始努力懷孕，但我的肚皮怎樣都無消無息，對懷孕也從原本的放鬆，開始變得忐忑、緊張，最後失望、焦慮。我不只一次在接到第五百零三個好友懷孕的消息時，忍不住大哭。我流著淚問C，我們到底做錯了什麼？為什麼要一個孩子這麼困難。

原本我和C打算順其自然，不考慮人工受孕的選項，但隨著嘗試懷孕的時間拉長而產生動搖。雖說光是想到要不停打針吃藥，還得和賀爾蒙搏鬥，我就想打退堂鼓，但我和C的各項檢查都很正常，求子之心願遠勝於一切之下，我們決定踏上試管這條路。現在回頭看，打針吃藥根本小事一樁，求子之路最困難的，莫過於忐忑不安的心以及情感上的折磨。

不孕症治療，女性身心的雙重磨難

當時住在北加州的我們求助於史丹福大學不孕症專科。我備齊資料找醫師約診，卻被告知新進病人必須排隊，因為第一次和醫師會診時間都會比較長，所以下一個空檔是三個月以後。

你沒看錯，三個月。

我已經年過三十，實在沒有多餘時間等待，但美國的醫療效率就是跟蝸牛一樣慢，著急也沒用。我告訴櫃檯人員，只要有人取消請馬上通知我，無論什麼時間、看哪位醫師都無所謂。我的運氣很好，過了幾天，櫃檯打來告知有病人取消兩個禮拜後的預約，才讓我得到看診機會，簡直跟刮刮樂中頭獎一樣不真實。

在美國，排卵針要每天連續打將近兩週，第一回合後，我的卵子數量不夠，只得打第二回合，最後肚皮上充滿瘀青，還不包括頭暈想吐、焦躁易怒、下腹部腫脹等症狀。打針有時效性，為了不影響工作，我得趁看病人之間的空檔偷偷跑進診所廁所打針。一切的一切只為了能有好的胚胎（所謂的試管寶寶）。歷經千辛萬苦，我和C終於有了五個健康的胚胎寶寶，也就是五次能夠懷孕的機會。不孕症中心會為每個胚胎打分數，然後由胚胎品質最好的開始，一次一個、植入我的身體。

休息一個月後，我做了第一次植入，這次的抽血報告是陽性反應，我永遠不會忘記當電話那頭告知我懷孕時，我有多開心，以為求子之路就此苦盡甘來，但這份欣喜沒過多久就變了調，胚胎著床不順利，最後我的胚胎寶寶自然流產。

雖說還沒看到超音波照片，沒聽到任何心跳，但對我來說，這是一個生命的失去。我的心情盪到谷底，很長一段時間陷入深深的憂鬱。我感到身心疲憊、難過、痛苦，任何人的安慰鼓勵都聽不進去，彷彿一股黑色巨浪隨時要把我吞噬。我開始和C討論是否該放棄，求子之路的痛苦超乎我的想像，學校沒有教過該如何面對流產的痛楚，身體受了傷可以修補，失去親人的悲傷有其他人一起緬懷，但為一個還未出世的孩子哀悼，是非常孤寂的過程。

兩個月後，我參加了一個女子退休會。講者是一名牧師娘O太太。O太太有四個小孩，看似生活美滿，但她其實還有第五個小孩，在懷孕二十週時被醫師診斷心肺功能有問題，就算順利生產也只能活幾天。O太太最後選擇生下這個孩子，並且陪伴他在世的短短兩週。O太太相信上帝從不會浪費生命中任何一個痛苦的過往，即使道路有時崎嶇難走，卻在這些心痛中，更加成長茁壯。我於是明白，多年來我一直和他人的人生做比較，其實我不必在意別人懷孕得比我早，因為上帝為我安排的，必定是最合適我的。就這樣，在我想放棄懷孕的最後一刻，有了勇氣繼續前行。

如馬拉松般漫長的求子之路

因為C的工作，我們搬到洛杉磯，這次我把工作量減到最低，好好做試管。透過朋友介紹，找上從小自臺灣移民來美，講話碰風的光頭醫師。光頭醫師一看我的案子，拍胸脯保證有九成機率能順利懷上。但第二次植入卻直接打臉光頭醫師，連孕都沒懷上，讓他相當驚訝。

求子之路有如馬拉松般漫長，又休息一個月後，準備第三次植入。這時的我已經覺得自己是不孕症的沙場老將，流產和植入失敗都遇過了，還能比這更糟嗎？萬萬沒想到，第三個胚胎在解凍過程中就自行夭折死亡。如我之前所說，每一個胚胎都比之前的品質更差，懷上的機率也會越來越小。

第四個胚胎植入後，雖說還不知是否成功，也不知孩子性別，但我在禱告時看到

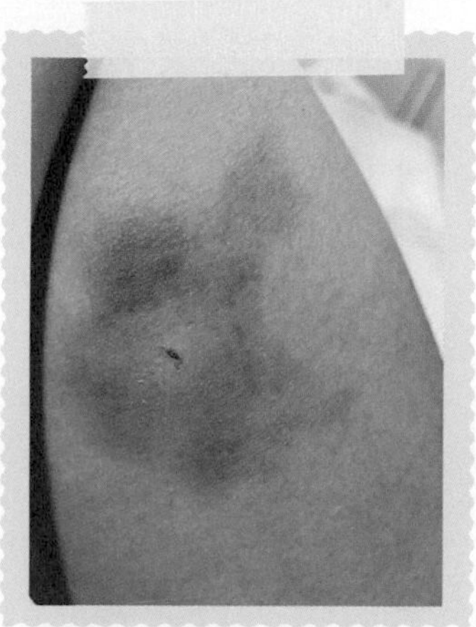

因藥物副作用而瘀青的傷口。

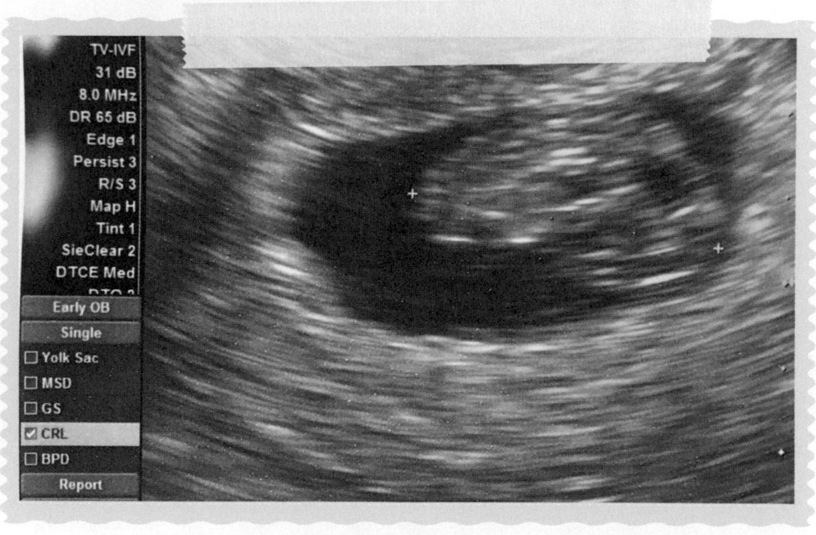

無比不真實的超音波照，這也是我在不孕症診所的最後一張照片，算是另類的畢業照。

一幅畫面，我看到懷孕五個月的自己，穿著粉紅色孕婦裝對身旁的C微笑，那幸福的笑容，是我在自己臉上許久未見過的。一個可愛的小男孩坐在C的肩頭，拉著C的頭髮，我看得出來，那是我們的兒子。上帝告訴我，「這必會成就。」

兩週後開獎，我順利懷上小樹寶寶，而後來也證明，的確是活蹦亂跳的男孩。

很多人說我能懷上小樹寶寶，是醫生也不能解釋的奇蹟。聖經說，上帝揀選世上軟弱的，為了使那些強壯的羞愧；的確，祂揀選了品質不如其他的胚胎，好讓我們明白，醫學再進步，醫生卻不能定規生死。上帝從沒應允我會懷孕，卻應允會在這不孕的路程上與我同在。在我每一個流淚的夜晚、每一個打針時刻，祂都不撇下我。如果要我全部重新來過，我依舊會選擇跟隨上帝，走這一條崎嶇難走，卻讓我成長許多的道路。

上帝給每個人的人生道路都不盡相同，不用跟他人比較。上帝給你的人生是最好的，也是獨一無二的。而祂，永不遲到。

不孕、流產，不是妳的錯

「我覺得我好像失敗了，因為我不知道流產有多頻繁，
因為沒有人會聊這個話題。我們待在自己的痛苦中，
彷彿認為自己是壞掉的。所以，
我認為和年輕媽媽談及流產的普遍性和女人生理時鐘的真實性，
是件非常重要的事情。」

——蜜雪兒・歐巴馬（Michelle Obama）

家醜不可外揚。

在臺灣社會，面子非常重要，為了不讓父母或家族丟臉，我們從小就被教導把光鮮亮麗的那面呈現給他人，把負面、不堪的、令人難過的事往肚子裡吞。美術不好？我會跟阿姨說你的數學考滿分。數學不好？我會告訴舅舅你的作文被登在校刊上。一直到長大，不孕、流產、產後憂鬱症等諸如此類不光彩或難以啟齒的話題，大都會被其他家族成員在背地裡偷偷議論，在當事人面前卻必須裝出若無其事的模樣。於是女性在面對這些生命中的難題時大都選擇隱忍，把承擔和堅強畫上等號，即便痛苦萬分也要強顏歡笑，畢竟，沒人想聽自己的辛酸血淚。

不孕、高齡產婦，已是世界問題

根據美國疾病管制局的數據，大約有十二到十三％的人口有不孕症問題，其中包括想懷孕卻沒懷上、或懷孕卻沒能保住胚胎，導致流產而無法受孕的女性。這些不孕症的人，有三分之一是因為女性生理的原因、三分之一是因為男性生理的原因，三分之一則是因為共同原因又或者找不出原因。但是，實際和不孕症對抗的人口遠高於上述數據，畢竟不是所有人都能夠或願意承認問題並就醫，不論臺美兩地，都是如此。

不孝有三，無後為大，臺灣社會對女性是否生子這件事依然頗為在意。不少臺灣女生大概從戀愛一路到婚禮，都不乏長輩關切何時生小孩。更不公平的是，一對夫婦若長年不孕，「生不出來」的問題往往也會先怪到女生頭上，男性因為面子或所謂自尊問題，比女性更不願意求診，即便男性的不孕症檢查和女性相比，困難度大概只有二十分之一。

內心煎熬，還要承受外界壓力

我和不孕症對抗的五年中，更懂得「生不出來」四個字背後，有多少辛酸血淚。親友仍有不少人不願意和我談及這個話題，有些怕我受傷或感到丟臉，有些覺得難以啟齒，有些則是不知道該說些什麼，甚至有長輩直截了當的告訴我不要跟別人說。還有一位長輩則在和他人談及我時，把我塑造成女強人形象，說我和C是重事業的年輕人，還沒準備生小孩，用這樣的藉口來掩蓋我生不出小孩的事實。

至於那些願意和我直說的親友們，大多也只能說一些好意關心、但毫無幫助的廢話，比如：

「你應該試試看○○××（以下請自行放入各種沒醫學根據的偏方），隔壁的小美試了有效，你也該試一試。」

「你一定是沒有用用看這種體位，你的姑姑當年就是用了這招，才生男孩的。」

「至少你沒有在第二周期時才流產（然後開始敘述某太太的恐怖流產故事）。」

「至少你沒有金錢壓力。」

「至少你還年輕。」

「至少你的公婆沒給你太大壓力。」

這些多而又多的「至少」看似是為你好，卻彷彿在告訴你，身為一個女人，無法順利受孕，連難過的權利都沒有，必須抓著這些「至少」，在他人面前故作堅強。

J君年過四十，為了替女兒生一個弟弟或妹妹作伴，和老公算排卵期做功課，卻屢次流產；M女是工作表現傑出的女強人，因工作壓力流產兩次，其中一次還發生在出差途中；B媽是三個孩子的媽，但在第三個孩子前曾懷過死胎，讓她陷入憂鬱症，到現在仍不時復發；C媽因產後憂鬱症，看了一整年的心理醫師，吃了一整年的藥；H媽在懷孕四個月後發現寶寶沒了心跳，必須引產。這些故事不是晒恩愛、晒旅遊、晒小孩，因此都不會出現在臉書塗鴉牆上，反倒讓女人在面對這些時更感孤寂。

同路人的理解與鼓勵，是最大慰藉

Q媽是我在矽谷天龍國的一位亞裔病人，在科技公司上班，有兩個可愛的雙胞胎女兒，堪稱人生勝利組。我一邊幫她洗牙，一邊問她小孩多大了，帶雙胞胎是否很辛苦？她們家是不是有雙胞胎的基因遺傳？Q媽這才告訴我，她們家沒有雙胞胎基因遺傳，女兒是做試管得來的。她長年不孕，光是試管嬰兒就做了四回合。每一回合都是心理和生理的煎熬。做到最後一次，她幾乎要放棄，決定如果再失敗就要放下工作，放自己長假去環遊世界。但也是在那一次，上天垂憐，她順利懷上女兒，懷孕生產的過程雖說辛苦，但她甘之如飴。

聽完她的故事，我告訴她自己也在做試管，她的心情我懂，她的煎熬我理解。我為她的成功真心感到開心。Q媽開始和我分享其中的心路歷程，幫她洗完牙後，她給了我一個大大的擁抱，告訴我：「醫生，妳也可以的！妳要加油，祝妳好運。」簡單的幾句話，卻讓我紅了眼眶。

有時我們需要聽到的，不是什麼懷孕偏方或祕笈，更多時候，只需要他人的無條件支持和鼓勵。

我懷上樹寶後，教會朋友鼓勵我分享心路歷程，好讓更多女人能得到幫助。光是擬稿子的過程就讓我哭了三大回合，並不是因為我的故事有多悲催，而是那心裡的傷口太疼太痛，輕輕聊到都會讓我淚流滿面。我站在講臺上，一字一句，用顫抖的聲音講述我的不孕症故事、走過憂鬱症的時光、以及流產的經歷，把我最私密也最不堪的一面分享出來。

那並不容易，畢竟我是個注重隱私的人，但分享完後，我感受到人生前所未有的自由。我也收到不少人妻的正面回應，大多都是素昧平生，從沒有講過話的教友，她們說，聽到我的故事給了她們希望，讓她們知道自己並不孤單。

打破面子假象的方法，就是徹底擁抱真實。這不意味著你該隨便和陌生人分享心底故事，更不代表你必須和全家族分享你的驗孕棒結果。而是在對的場合、和你所信任的對象，把你的故事勇敢說出來。當我們願意打開自己時，就會發現，我們

在教會第一次鼓起勇氣，分享我的不孕症治療過程。

不是唯一暗自垂淚的人，而和這些生命中的劇痛搏鬥的每一位女人，都是勇敢的鬥士。

We are all in this together.

美國疫情未平，懷孕婦女風險大

「你不能用因恐懼和擔心可能會發生事情的心態來做決定。」
——蜜雪兒・歐巴馬（Michelle Obama）

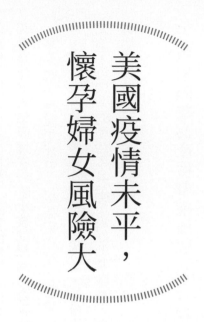

二〇二〇年真是驚天動地的一年，澳洲大火肆虐、傳奇NBA球星柯比・布萊恩（Kobe Bryant）意外離世、新冠肺炎席捲全球以及美國的種族暴動等，一波未平一波又起。根據《Today Show》報導，有位在美國的媽媽為了永遠紀念二〇二〇年的疫情，將自己在疫情之下誕生的雙胞胎取名為Covid和Corona，但我實在納悶，究竟為什麼會想要每次一吼小孩就想到病毒呢？這道理我真是不明白！

俗話說，飽暖思淫慾，根據宅在家的政策，無聊至極時來滾滾床單看似非常合理，但我身邊的已婚婦女反倒因為疫情，紛紛決定暫緩懷孕計畫，甚至就某些角度來講，疫情下的生活本身就是最好的避孕藥。但是，因為疫情，真的就該避免懷孕嗎？應該從不同層面來探討。

居家隔離為產檢帶來風險

我的好朋友M，原本和先生正在積極努力要為五歲兒子添個弟妹，這計畫卻因疫情來襲而停擺。一方面是M生怕不小心中獎，去醫院產檢可能會大幅增加感染新冠肺炎的機率；另一方面，M的先生工作量因疫情而驟然上升，就算在家上班也得整

洛杉磯疫情下，出現罕見的市中心空城照。

平日的尖峰時間，這裡都會塞得像是座停車場，現在卻暢通無阻。

天窩在書房工作，夫妻連說話的時間都沒有，更別提努力做人了。

D是我的姐妹淘，大女兒三歲多，她肚子裡的二寶預產期在七月。居家限制令期間待在家足不出戶，與婦產科醫師的預約也都改成了線上，由線上諮詢取代進診所看診。雖說我能理解婦產科醫師的抗疫決心，但也非常好奇如何從網路諮詢就能聽出胎兒的胎動，或看出胎兒的狀況？

W媽媽也是名牙醫，因疫情關閉了診所，但她非常享受這意外得來的假期，讓她有機會和不滿一歲的女兒相處。雖說W和先生也想說，乾脆利用這個機會來拚第二胎，最後W還是覺得不妥。就算真的順利懷孕，疫情之下，婦產科不但門診減少，而且誰知道會不會在懷孕期間又出現第二波高峰，想想還是作罷。

醫院的疫情政策，影響孕婦身心健康

根據最新一篇在《美國醫學會雜誌期刊》的研究發現，瑞士某位懷孕十九週的母親在罹患新冠肺炎後流產，在胎盤切片檢查中，發現胎盤也呈現病毒感染，但病毒是否會傳染給嬰兒則需要進一步研究。美國婦產科學會期刊也發現，有七名罹患新冠肺炎的母親死於胸腔和心臟類併發症，該報告負責人說：「確切的新冠病毒所導致的母體死亡率還是未知數，但就現在來說，這個報告告訴我們，懷孕婦女因新冠肺炎而死亡的機率並不是零。」

如果已經中獎，也不得不卸貨，但因為疫情，不同醫院也對產婦有不同規定。我所聽到的就包括先生不能陪同在醫院過夜、謝絕生產時所有訪客、限縮家屬探親時間等，一切都是防疫考量，付出的代價卻是產婦的心理健康。報導指出，有五分之一的女性會罹患產後憂鬱症，而因為疫情被迫與親友或其他支持系統隔離，也導致產後憂鬱症的案例大幅提升。

除此之外，疫情導致美國的失業率一度高達十五%，在加州甚至是二十%，大家都懂，養小孩除了愛和耐心，最主要還是離不開一個俗氣的「錢」字。根據美國政府官方數字，在美國，將小孩拉拔到十七歲，平均花費超過二十三萬美金（約新臺幣七百萬）。

在失業潮和疫情壓力下，我的諮商師朋友T媽說，她的病人的憂鬱症和自殺傾向大幅攀升。無論是經濟壓力或心理壓力，至少在我身邊因這次疫情被裁員的友人之中，懷孕生子大概是他們最後一件會想到的事。世界上最遙遠的距離，不是我站在你面前、你卻不知道我愛你，而是睡同一張床，卻對於把彼此撲倒感到無心又無力。

不孕症治療全被疫情打亂

撇開對懷孕避之唯恐不及的族群，有另一部分的女人正在接受不孕症治療，卻遭受疫情衝擊，打亂所有的計畫。不孕症治療被認定為非必要性醫療，但對那些每個月算排卵期、打排卵針、和時間賽跑的女性來說，每一個停滯的月分都是蹉跎掉的光陰，一個大好的懷孕機會被這麼被浪費掉了。根據美國國家公共廣播電臺報導，德州的一名教育人士伊麗莎歷經流產後，花了好幾個月才平復心情，當她終於鼓起勇氣願意做不孕症手術時，診所卻告知，所有手術和預約都暫時停擺，要等疫情減輕後再議。

H是一名年過三十五歲的醫師，已經和不孕症搏鬥五年多。疫情爆發前，H早已開始服用不孕症藥物，準備在三月底做人工受孕植入手術。H的家人問她，為什麼在疫情下還想盡辦法懷孕，這時候懷孕不是很危險嗎？H卻認為她藥也吃了、針也打了，屁股上的黑青不只一處，一切的痛苦為的就是把子宮養好，讓胚胎方便著床。「如果取消手術，我已經不年輕了，不知道下次什麼時候可以再做，也不知道我的身體是否還有能力消化這些藥物。」

一名不孕症專科診所的醫師也直言，對許多人來說，或許不孕症並非必要性醫療，但他更擔心萬一關閉診所，不孕症的病人搞不好會壓力大到也發起暴動。從他們的角度去思考，也可看出必要性和非必要性醫療的畫分，依舊存在許多灰色地帶。

疫情之下到底該不該懷孕，其實沒有絕對的答案，但無論你想避孕或求子，都會因疫情而經歷前所未有的心理壓力。在決定是否懷孕之際，如何對抗這其中的焦慮和不安，更是必修的課題。

上一堂美國的待產課

「人生中沒有什麼東西好怕，因為那些東西，往往是需要被理解的。」

——居禮夫人（Madame Curie）

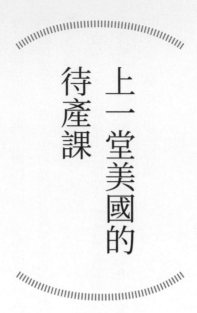

「如果你哪天膽敢劈腿，我一定把你斷手斷腳，大卸八塊拿去餵鯊魚，就算觸法也無所謂，你懂嗎？」隨著我的肚子一天天大起來，這句話在我和C的日常對話中出現得越來越頻繁。

剛開始，C覺得他的太太有點恐怖，總拿這句話恐嚇他。慢慢的他也習慣了，說我這是hormone talk（懷孕的賀爾蒙讓我胡言亂語）。但我是認真的，無論這個世代如何提倡男女平等，男女在某些事情上真的就是不對等。女人需懷胎十月，生出來的孩子跟著男人姓，身材走樣的是女人，晨吐的是女人，感受生產之痛的也是女人。男人除了射精什麼都不用做，如果還劈腿，真的是豬狗不如。

去學怎麼「生小孩」

我和C開始和所有新手父母一樣，上網買書找資料，把身邊已當爸媽的朋友當百科全書，問著一個又一個自己能想到的問題（現在回頭看，才發現真正的問題往往都無法預想到）。

美國沒有媽媽手冊，婦產科醫師的檢查也以確定寶寶和母親安危為主，因此很多資料都令人摸不著頭緒，於是我的舊金山天龍國表姐E建議我和C去上一堂「生產課」（birthing class），顧名思義就是教你如何生小孩。我去報名時才發現這堂課有夠熱門、場場爆滿，最快得排到一個半月後。生產課可不是免費的，三堂課學費一百塊美金，每堂三小時。我不禁會懷疑，美國號稱年年下降的生育率到底是不是真的？連報名個生產課，都比買江蕙封麥演唱會的票還難。

「你確定我們需要去上生產課？好歹我在醫學院時有選修婦產科，還拿優等，教授一直鼓勵我走婦產科的說。」C聽到我替我們倆報名時，這樣問我。

「大醫師，我沒有要你替我接生，我要你學習如何陪產，如何在產房裡不惹毛我，懂嗎？」我其實沒告訴C的是，陪產課在近年越來越夯，因為他們會花部分時間教導準爸爸如何在產房中替準媽媽按摩，這些按摩技巧也可以用在懷孕期間。

美國陪產士，專為產婦加油打氣

講師B老師是生過五個孩子的棕髮女性，她除了是講師、母親，還有一重身分是陪產士（doula），對生產相關知識有無比大的熱誠，也是孕婦的啦啦隊，專門在產

大著肚子的我，焦慮之餘決定去上生產課。

房內為產婦加油打氣。

我在美國第一次聽到「陪產士」這個職業，腦海立刻浮現宮廷劇中長相兇惡、嘴角還有一顆痣的嬤嬤。但陪產士在美國可是一門專業，請陪產士的母親近年也逐漸攀升。好的陪產士身價不凡，陪產一胎就可以拿到八百到兩千美金酬勞，如果是全職陪產士，薪水約為美金七萬到十三萬元（約新臺幣兩百多到三百八十萬）。古早的嬤嬤陪產不會以媽媽的舒適為優先考量，杵在旁邊常常只會帶來更大壓力，陪產士則剛好相反，在生產過程中替妳兵來將擋、水來土淹，給予精神上的鼓勵，也會當場教妳使用拉梅茲或腹部呼吸法。當準爸爸（尤其是沒參加生產課的）不知該如何按摩時，陪產士可以親自操刀。

身為陪產士，B老師經驗相當豐富，也不吝分享所有生產大小撇步，比如該如何整理去醫院的媽媽包（聽說在臺灣，都是坐月子中心提供給新手媽媽，但在美國得統統自己來）；生產課上，有一半時間會教準爸爸幫大腹便便的準媽媽按摩，也教你理解女性的生理構造（這時我忙著寫筆記，C則忙著滑手機），並告訴你產兆、自然產、剖腹產等可能遇到的狀況。

除此之外，上生產課最重要的一個宗旨，就是告訴準爸爸：天大地大，都沒有準媽媽大。不同於上個世代的男人在產房外等待孩子的到來，生小孩是女人家的事，這個世代的男生被教導，除了懷孕和生小孩這幾個無法替女人完成的步驟，看超音波、聽心跳、待產、陪產，爸爸都應該全程參與，當媽媽的後盾，這樣的概念也可以一直延伸到小孩出生後，負責處理嬰兒的屎尿屁、洗澡、餵奶、看小孩。

不打麻藥、不催生，美國產婦新流行

說到自然產，美國近年來有一種不打麻藥、不催生、體驗最原始天然的生小孩方式正在流行。我的姐妹淘小艾就是其中一例。小艾畢業於長春藤普林斯頓大學，後來在許多國家都擔任公衛研究工作，也在美國知名教學醫院工作過，看過很多沒醫德的婦產科醫師，讓小艾堅決懷孕生產都不要給婦產科醫師看，而是找「助產士」（midwife）（俗稱的接生婆）。陪產士擔任的是啦啦隊，而助產士不只要替妳接生，還必須擁有最高階護理執照（Nurse Practitioner），也要能獨當一面的看診和開藥，平均年薪將近六位數美金。

小艾說，自古以來生產就不是一個疾病，如果母親胎兒都正常，為什麼要到冷冰冰的醫院去打催產針、麻藥、被五臺儀器追蹤？她寧可選擇最天然的方式，感受自古以來女人所承受的產痛，在溫暖的家中迎接小孩來到這世上。小艾的話讓我思索許久，甚至問C會不會考慮來個原始自然產？C給我的表情像是我問他會不會考慮吃看看狗大便似的，看得出來他正懷疑自己太太的智商，是否因賀爾蒙的關係跌入谷底，怎會說出如此違逆醫學之父希波克拉底的話？

第二堂生產課，B老師給我們看生產紀錄片，看著媽媽們用不同方式生產，包括在家自然產、去醫院自然產、在醫院打無痛催生、在醫院剖腹產等。原始自然產的母親眉頭深鎖，呻吟不斷，一邊在瑜珈球上和不間斷的陣痛對抗，字幕上顯示，五個小時後的母親眉頭鎖得更緊，叫得更大聲，就這樣一直持續了二十七個小時，嬰兒才終於出生。那天的課結束後，我和C手牽手走回停車場，我的腦中不停閃過那名母親辛苦呻吟的畫面。

「你不覺得超感人的嗎？我看影片的當下快要哭了！」我的思緒被C真摯的感言打斷，我抬頭看向在婦產科實習過還拿優等的老公，他的眼中確實有淚水。

「哭什麼？」我心想，痛的又不是爸爸，到底有什麼好哭的？

「當我看到嬰兒呱呱落地的剎那，只覺得怎麼會有這麼美麗的畫面！我從來沒有這麼感動過，真是等不及看到我的孩子出生了！」原來這男人對母親的痛楚無感，還半陶醉的沉浸在人家生小孩的喜悅裡，我只覺得腦中轟的一聲，快要爆炸！

「等不及？我現在完全不敢想像生小孩！你沒看到那名媽媽哭得死去活來嗎？你沒看到字幕上寫二十七個小時嗎？二十七個小時！你可以想像必須經歷二十七個小時全身被撕裂的痛嗎？」我劈哩啪啦說了一大串，只覺得我也快哭了，害怕得想哭。

「妳不要激動，我會陪在妳身邊，我相信看到小孩後，妳會覺得一切都很值得！」

C沒想到我的反應這麼激烈，怕我不小心宮縮早產，連忙安撫快爆炸的孕妻。

「你最好從頭到尾都在，不然我會殺了你！我決定了，不管別人說什麼，我要打無痛分娩！」

「好好好，妳說什麼都好！」C暗自竊喜，至少我們不會找助產士，他可以繼續效忠他的醫學之父希波克拉底。

「還有，如果你哪天膽敢劈腿的話……」我頂著圓滾滾的大肚子，回過頭對他說。

「我知道，我會被斷手斷腳，大卸八塊拿去餵鯊魚。」C牽起我的手，鎮定的對我說。

原始自然產，真的最好嗎？

「我被網路洗腦了。」
——新聞主角J媽

原始自然產，蔚為新流行

J是名準媽媽，打從發現懷孕後，她就和所有準媽媽一樣，瘋狂查詢有關生產的各種資料、打聽身邊各式各樣的生產故事、對自己的生產充滿粉紅泡泡的綺麗幻想。J媽大學畢業、是名熱愛自由的藝術家，因年幼有不愉快的醫院就診經驗，因此她不希望寶寶在冷冰冰的手術室出生，決定在家自然產，不用任何藥物、不打催生藥，用最天然原始的方式迎接寶寶到這個世界上。

感謝網路資訊，J媽發現自己並不孤單，輕而易舉就找到志同道合的夥伴，臉書社團、IG、甚至網路課程和免費Podcast都成為J媽的資訊來源。J媽和先生在美國中西部生活，家人住得遠，於是這群崇尚天然產的媽媽臉書社團，慢慢從資訊來源變成J媽孕期的心靈支柱，讓J媽對即將迎接生產的過程增添不少信心。又多虧臉書演算法，讓J媽吸取這些同類型的資訊越來越便捷，很快便置身於厚厚的同溫層中。

寶寶出現問題，卻只聽網友意見

一直到J媽懷孕四十五週，生產計畫都已經準備好，不找醫師、不請產婆，一切遵照「天然ㄟ尚厚」的原則。當陣痛來臨，J媽興奮地和網路社團的姐妹分享：「我覺得寶寶好像沒有像之前那麼好動了，這是正常的嗎？」社團的人一窩蜂扮起啦啦隊，說沒事、放心，寶寶知道什麼時候來怎麼來，也有媽媽分享經驗談，這讓J媽像吃了顆定心丸，開始放心的聽音樂、進行水中按摩，面對潮水般的一波波陣痛。

就這樣過了十個小時，事情開始不太對勁，J媽的陣痛越來越大，也開始嘔吐、身體出現各種不適，這和她在網路上讀到的生產經歷不太一樣。J媽開始害怕，而且也開始聽不到胎兒心跳了。沒過多久，J媽的羊水破了，但隨之流出來的還有胎糞，為了怕胎兒誤食造成危險，J媽只得去醫院求助。

風塵僕僕趕到醫院後，醫療團隊按部就班，將J媽坐定位並準備接生，卻也發現，胎兒早就沒有了心跳。

生產不是醫療，讓美國女性開始崇尚自然產

J媽不是唯一一個案例，X媽同樣對非醫療介入的生產有非常大的堅持，她在位於沙漠的家經歷六天的產痛，只希望自然原始的生產，伴隨她的只有她的先生、她的狗，以及幾千名在臉書社團打氣的好姐妹。最後X媽因為細菌感染，到醫院時已晚了一步，胎兒同樣不幸死亡。

J媽的故事上了《NBC》新聞，而她後來才知道，那將她層層包圍的同溫層，恰好也是網路上最激進的懷孕社團之一，這類社團在入團前就會先告知成員，堅持反對任何成員提出就醫建議，堅信聆聽自己的身體和胎兒，不聽醫師的意見。

根據美國國家公共廣播電臺報導，如果在醫院生產，有三成機會成為剖腹產，也就是所謂的吃全餐，比世界衛生組織建議的十到十五%剖腹產機率高出許多。因此美國近年來有越來越多人崇尚在家生產，連矽谷天龍國都吹起這樣的風潮。

紀錄片《新生兒產業》（The Business of Being Born）更重申，生孩子不應該是醫療手術，大部分婦產科醫師在受訓過程中，都沒有被教導如何輔佐準媽媽在完全不使用任何藥物或不開刀的方式下，用純天然的方式接生小孩。

除此之外，美國醫療品質參差不齊，好的美國保險讓你生產時像住飯店，過程順順利利，但如果保險不夠好，我也聽過媽媽遇到根本不知道如何幫產婦自然產，只想直接剖腹產的無良醫師。根據哈佛醫學院的婦產科醫師Dr. Neel Shah所說：「現今的美國女人，比她母親死於生產的可能性多出五成。」根據疾病管制局統計，三分之一來自孕期、三分之一來自生產的一週內，三分之一則是一年之後。原因相當複雜，包括高剖腹產機率、過重問題（導致心血管疾病和糖尿病變）、醫師過失、媽媽的身體健康、媽媽是否有安身之處等。

過度忽視醫生意見成最大風險

也難怪J媽會選擇站到醫生的對立面，拒絕任何醫療專業協助。加上在這個資訊爆炸的時代，大家往往更相信網路上估狗的資料，甚於醫師的專業建議。根據皮尤研究中心統計，有八成民眾會上網查詢醫療相關資訊，其中有六十三%會查詢一個特定醫療問題（如估狗：什麼是菜花？），四十七%會查詢特定治療方法（如估狗：菜花的電燒成功機率）等。約兩成的人會在面對疾病時，第一時間就上網查詢相關資料。

美國昂貴的醫療及就診的不便利性（像預約可能要等一個月後），更讓大家開始仰賴自己查資料、拜讀估狗醫師，即便根據統計約有四成的自我診斷是錯誤的。

當醫療專業被稀釋，醫生的意見和網路上大媽的發言一樣重要，而你可能還比較相信大媽，因為大媽親切有禮，一有問題秒回，還貼心替你的貼文按讚。

J媽在媽媽社團分享自己孩子不幸夭折的消息後，雖說大部分成員都給予加油打氣，但她沒多久便發現，自己的照片和故事被在社團中臥底的反成員流出，雖說有將J媽的名字和臉遮住，卻以此分享到部落格，好告誡大家千萬不要進行天然生產。這對J媽來說無疑是在喪子之痛後所經歷的雙重打擊，最終退出所有社團，搬到沒有人認識的地方和先生重新開始，慢慢療傷。

為了媽媽與寶寶，醫生的建議仍不容忽視。

資訊爆炸時代，讓專業回歸專業

社群媒體的興起，讓我們處在被演算法蒙蔽的同溫層中，將同溫層的意見視為真理，其他不同的意見視為敵對，討論空間被壓縮，也讓我們難以聽見同溫層外的聲音。

美國的醫療制度並不完美，醫生也是人，有犯錯的可能，但其專業意見並不該被網路的資料取代。而在面對資訊爆炸的同時，讓自己保持客觀、理性的態度，去了解不同意見，或許正是這個世代，最需要學習的課題。

美國孕婦三寶：開趴、收禮物、拍寫真

「我超愛懷孕的，尤其是因為身邊的人都會忽然對妳非常好。」
——黃艾麗（Ali Wong）

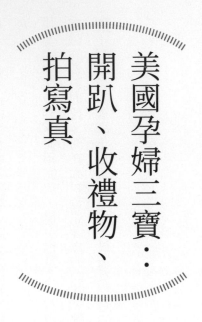

如果說臺灣人慶祝新生兒的方式是在生完小孩後請客和請吃油飯或彌月蛋糕，那麼美國人的慶祝方式，則是在小孩出生前，先替準媽媽慶祝一場。

在美國，人生有兩大里程碑會特地大開派對，以Shower為名慶祝，第一是結婚，第二則是生子。「Shower」可不是指淋浴，而是婚前派對（Bridal Shower）和產前派對（Baby Shower），為準新娘或準媽咪灑下大把的愛和禮物，而這個愛就好比雨狂下，因此被稱為Shower。

婚前派對通常由新娘的好姐妹或家人負責舉辦，溫馨版就坐下來喝喝英式下午茶、吃吃假掰小點心；刺激點的就會請來猛男跳豔舞、外加贈送準新娘丁字褲，或強迫新娘吃男性器官形狀的糖果等重鹹橋段，來場單身前的最後解放。

但為準媽媽舉辦的產前派對，要配色、要裝飾、要玩遊戲。小嬰孩的衣服、黃色小鴨、粉色系背景、用尿布做成蛋糕、動物寶寶玩偶……不管是什麼，一定要讓賓客覺得可愛到爆表為主要指標，讓你有被融化的感覺才是王道。

產前派對代表對寶寶的期待

在我成為準媽媽前，我也替好幾個姐妹淘辦過產前派對，比如同事K在紐約長島的森林探險派對，有著落地窗的房間內擺滿了氣球，窗戶外看出去就是曼哈頓市景；又好比替好友U召集所有親朋好友，請大家一人選一個英文字母做成單字卡，比如拿A的人寫Apple，旁邊畫一顆蘋果，B的人寫Ball，旁邊畫一顆球，以此類推，最後全部匯集起來，變成寶寶的第一本單字書。

產前派對中的遊戲也幾乎跟寶寶有關，比如放幾首有關寶寶的歌曲讓賓客猜歌名、用空白的寶寶衣服讓來賓在上面作畫，請賓客目測準媽媽的肚子有多大。我最印象深刻的有兩個遊戲，一個是用不同品牌的巧克力放在尿布裡，用微波爐融化，請賓客運用嗅覺觸覺加視覺的體驗（但不能用味覺），猜出眼前這屎狀巧克力是哪家品牌；另一個則是請賓客猜出爸媽翻雲覆雨的受孕日是哪一天，最接近正確日期的就可以拿獎品回家。

玩完遊戲、切完蛋糕後，就是準媽媽當眾拆禮物的時間了，小包巾小衣服小裙子，到絨毛娃奶嘴小玩具，反正嬰兒用品多又多，無論是什麼都可愛至極，惹得眾

產前趴踢的各種裝飾與禮物：用尿布做的蛋糕、可愛到爆表的動物氣球。

賓客 awww 來 awww 去才是正解。不過身為過來人，我發現往往最不可愛的東西最實用。比如永遠不夠用的尿布、濕紙巾，一點也不性感的卡稱或逆頗好用產品（比如對抗乳頭龜裂或屁股紅疹的乳液），或是嬰兒背巾、幫嬰兒吸鼻屎的工具、將臭味鎖住的尿布垃圾桶等，才是媽媽圈聖品。

生第二胎的話，許多媽媽就不想大費周章的辦 Shower，而是改辦 Sprinkle，意思就是不用花大把鈔票讓禮物大噴發，只要一點點小如毛毛雨般的實用禮物就好，換句話說：給我尿布、濕紙巾和 amazon 禮券吧！其他我啥都不缺。

生產禮物犒賞準媽媽，具象徵意義

準媽媽的小確幸還沒完，除了親友的祝福和禮物，準爸爸也會準備一個生產禮物，叫作「push gift」。生產禮物是近年來在美國媽媽圈興起的風潮，用意在犒賞懷孕辛苦、生產更苦的準媽媽。

根據《紐約時報》報導，有高達五十五%的女性都期待能收到生產禮物。而明星、名媛得到的生產禮物，也常常讓人驚訝到掉下巴，比如卡戴珊家族的凱莉珍娜就拿到一輛法拉利；她的姐姐金卡戴珊則收到一條全鑽項鍊；凱特王妃生下喬治小王子時，威廉王子送給她一隻英國哈洛德百貨公司的特殊訂製限量版泰迪熊；歌手瑪莉亞凱莉生下雙胞胎女兒時，得到了價值一萬兩千美金的粉紅耳環，上面還鑲了女兒的名字。

我身邊的友人也拿過手鍊、戒指等禮物，而且每胎一個。如果說亞洲社會認為女人替男人傳宗接代是天經地義，那美國的生產禮物代表的意義，則是用最俗不可耐的方法，彌補媽媽因孩子而身材走樣、睡眠不足的事實。和嬰兒對抗很艱難，但看到首飾盒裡那只鴿子蛋大小的鑽戒（畢竟新生兒媽媽剛生完，整日追著屎尿屁，不太可能戴鑽戒），或許就會覺得好過一點。

生完之後呢？美國媽媽沒有滿月禮也沒有流水席，頂多就是探望一下媽媽和小孩，有心的朋友也會帶食物來給媽媽加油打氣，基本上就是讓媽媽好好休息、恢復體力，下一個慶祝節日得等到寶寶的一歲生日了。相較之下，臺灣習俗就實際得多，產前沒啥特別慶祝，產後吃一桌好料的滿月酒，不用擔心什麼嬰兒遊戲、裝飾禮物，統統閃一邊，包個紅包就解決，cash is king，俗擱有力！

紀錄人生里程碑，自然風格為主

生孩子這等人生里程碑，現代人也希望好好記錄一番。臺灣孕媽咪寫真都喜歡穿華服、化濃妝，造型完整加努力修圖，讓孕媽咪以最隆重美麗的姿態留下回憶，基本上等於再拍一次婚紗照了，只不過這次重點在妳的肚皮。

美國不流行拍華美婚紗照，孕媽咪寫真大都走自然風格。選一件平日穿的洋裝，畫點淡妝，沒有多餘的打光或修飾，捕捉的鏡頭也都是和準爸爸相視而笑、或對著肚皮流露喜悅表情。攝影師注重的也不是修好修滿，而是如何在對的時間取景，以光線背景輔助，讓照片在最少加工的狀態下呈現幸福感爆棚的姿態。

小姑貼心的負責為我和C拍攝孕婦寫真，當時我的頭髮因為賀爾蒙的關係，呈現野草般的旺盛生命力，因此我唯一的修飾就是在拍攝前洗頭、吹頭，好讓我看起來不會太像《獅子王》裡的木法沙，我套上一件虎媽在臺灣替我買的彈性極強的洋裝，就這樣去拍照了。小姑的光線抓得極好，拍出來的照片呈現濃濃自然幸福風，不過不知道為什麼，生產完時每次看那些照片，並沒有覺得什麼歲月靜好或母愛大噴發，只覺得我那時的雙下巴實在有夠明顯。

小姑拍攝的孕婦寫真，
流露自然真情。（攝影
@feliciachengphoto）

生完後看著照片，我只注
意到我的雙下巴。（攝影
@feliciachengphoto）

我的產前趴踢有濃濃臺灣味

我的兩場產前派對都辦在洛杉磯。一個是教會姐妹淘替我張羅了一場只需出席、不用動腦的派對；另一場則是為了款待親友，由我和C下海舉辦，公婆贊助菜餚、小姑幫忙拍照和準備遊戲、從芝加哥飛來的表妹布置會場，阿姨幫忙買氣球，一家人忙進忙出，倒也樂此不疲。為了讓準爸爸覺得有參與感，我問C想吃什麼派對食物。

他不假思索的回答：「我想吃臺灣菜！可以叫臭豆腐嗎？」平日連筷子都不太會拿的C居然充滿臺灣魂，令我大吃一驚。不過考量到老外親友可能暈倒或反胃，我們忍痛捨棄臭豆腐。為了讓賓客吃飽又吃好，準備了蔥油餅、香干肉絲、蔥爆牛肉、涼拌龍鬚菜、蔥油雞、金瓜米粉等，最後以酒釀圓子收場。雖說沒有臭豆腐，仍充滿濃濃臺灣味，大家酒足飯飽之餘，玩了一場場遊戲，我的產前派對在賓主盡歡、依依不捨的氛圍下完美結束。

最後C問我，雖然我們辦了產前派對，但能不能還是訂滿月油飯？這可不是他想遵照臺灣古禮，送禮給親友分享喜悅，純粹是因為，他超想吃油飯。

小樹寶寶來報到——美國生產記

「想要放棄的試探越加強大，表示你離成功的腳步也越近。」
——鮑伯・帕森斯（Bob Parsons）

我承認我是一個鐵齒的孕婦。

在我懷孕三十週時，有兩位從臺灣來的美女教師兼粉絲希望和我見面。於是我頂著大肚子，像企鵝般搖搖擺擺的去咖啡廳會面。美女教師們相當震驚，問我需不需要人扶，走這麼快要不要緊。

「扶？為什麼？我因為這顆肚子已經走很慢了！想當年我在紐約時，走路速度是現在的三倍快！」我沒有誇張，想當年連腿長的C，步伐都遠不及我這短腿在紐約健步如飛的速度。

「在臺灣的孕婦，通常能坐就不站，能站就不走，就連走路也需要有人隨侍在側，小心翼翼的攙扶、像老佛爺一樣。」

我傻眼，如果這是臺灣人對孕婦的期待，那麼我一定被認為是大逆不道、坐不住、而且非常不聽話的孕婦。

把握被拖油瓶纏住前的最後時光

由於擔心寶寶出生後恐怕什麼都做不了，加上我的婦產科醫師M大鼓勵我多運

懷孕 24 週，和 C 征服了著名的好萊塢標誌。

懷孕 29 週，站上哥倫比亞大冰原！

動，於是我在瘋狂寫稿工作之餘，爬山、看電影、旅行、吃美食，努力把一天當兩天用，深怕日子過得不夠精采，以後有了小孩會後悔。懷孕二十四週時，我和C爬了五小時的山，征服了著名的好萊塢標誌；二十七週時，夫婦倆帶婆家一群人去加拿大班夫國家公園旅行。我腳踩在哥倫比亞大冰原上，和大肚子拍了一張張的景大肚大但人小的孕媽照，讓我的婆婆捏了一把冷汗。

同個時期，我工作的診所有一位W醫師的太太也懷孕，W太太是為了W嫁到美國的臺灣人妻。W聽我大著肚子上山下海的故事後，幽幽的說，「我太太懷孕後唯一的運動，就是起身到電視前拿遙控器，然後走回沙發坐下。」

我就連上班也秉持上好上滿的原則，不同於許多孕婦在生產前兩個月就在家待產，我跟診所經理說願意上班上到三十八週半，也就是預產期前十天。畢竟現在的老闆對我不壞，人要飲水思源，能替他多做一天是一天。

溫馨私人產房，緩解產婦情緒

在我即將上最後一天班的前一天，我烤了個藍莓派、站在浴缸邊緣把廁所幾百年沒清理的浴簾換新，趕出一篇稿子，順便約了姐妹淘明天下班後吃晚餐，用藍莓派當飯後甜點。只能說人算不如天算，再鐵齒的孕婦也敵不過上帝的安排。那天晚上，我的羊水在半夜一點半破了。

到醫院報到沒多久，陣痛也開始襲來，像是有人拿棒球棍打你的腹部，延伸到四肢，五臟六腑都快要炸開的感覺。M大在我們進醫院一個小時後來打招呼，我和C一直跟他說不好意思，半夜害他被call起來，如果可以選擇，多希望我羊水是早上七點鐘破！M大說沒關係，他很習慣這樣的生活。也順便告訴我，因為我有細菌感染，必須在十八小時內把孩子生出來，他會替我打催產針，不然小孩可能會因為細菌感染而進加護病房。

催產針打下去後，原以為已經痛到極限的我，才理解一山還有一山高，一痛還有一重痛，什麼叫作痛徹心扉、痛到死去活來，今天才真的領教到。生產課的那些呼吸法、瑜珈球、按摩……統統不管用！我痛到只想揍人，一邊罵著《聖經》裡的夏娃，沒事去吃不該吃的蘋果，害全人類女性都得領受生產之痛。ㄍㄧㄥ了四個小時，上廁所二十次，開了三指，恐嚇C如果敢劈腿就把他碎屍萬段五十次後，我投降，請麻醉師打無痛分娩，又體驗到什麼叫作全世界對女人最友善的發明之一，人生從黑白瞬間轉到彩色。

因為注重隱私，美國大部分的醫院在報到後，會讓病人直接進入私人產房（labor and delivery room），和臺灣有另外的待產房間不同。我和C於生產前參觀醫院時，印象最深刻就是這布置得溫馨舒適的產房（以下簡稱小花房），有搖椅、瑜珈球、牆上畫滿小鳥小花，光看就讓人心情放鬆。但我事後回想，這溫馨的小花房布置如何真的無所謂，當陣痛來襲，再禪定的擺設還不如一劑無痛分娩管用。

最漫長、偉大、動人的十八小時

無痛打完，我終於可以重新當個正常的人類，忽然覺得自己肚子有點餓。相較於臺灣媽媽在生小孩前能夠吃美食，在美國醫院是不允許產婦吃東西的，只能喝流質的東西，有些醫院甚至必須空腹。於是我瞪著C大口大口吃著美味早餐，只能啜飲柳橙汁。

十個小時過去，開指總算開好開滿，我才發現電影裡羊水破、進產房、開始尖叫開始喊「push ——」（u的音總要拉得特別長），三秒鐘後孩子就落地，母親妝髮

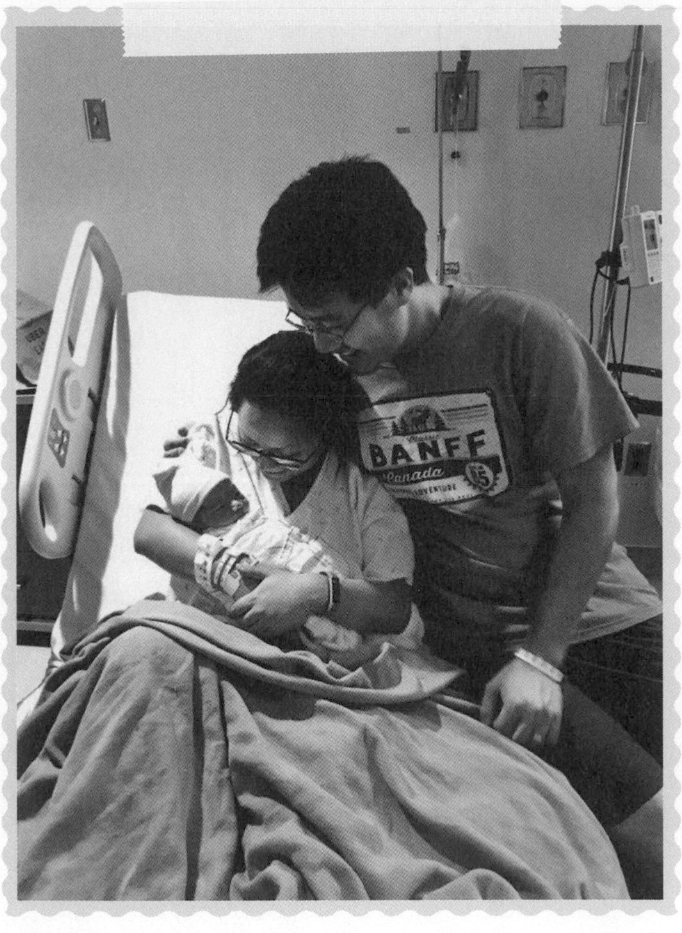

樹寶出生了。

完整的在鏡頭前破涕為笑、母愛大噴發的生產畫面，根本就是欺騙社會的行為。

別人怎麼生小孩的我不知道，但推不只是推，更正確的說，是護理師和先生按住妳的四肢，要妳隨著越來越頻繁的陣痛，一起把孩子努力推（生）出來，而妳會披頭散髮得像個蕭查某，但那會是妳最後想到的事，因為此時麻藥會降低，好讓準媽媽能精確感受到陣痛來襲的痛楚，迎合陣痛的節奏一起推。因為我的骨盆小，光是推就推了三個小時，護理師都換了兩輪，小樹寶寶還沒推出來。隨著十八個小時的期限慢慢逼近，那種無助、擔心、徬徨一瞬間全湧了上來，我的淚水不爭氣的落下。

我對C說：「我覺得好難，好難，為什麼生個孩子這麼難？我不知道我能不能達到終點，萬一生不出來怎麼辦！」我灰心、我氣餒，我筋疲力盡，說不想放棄是騙人的。

「不會的！妳可以的！加油，我陪在妳身邊，已經看到頭了。我支持妳。」C看我洩氣的模樣，鼓勵著我。

陣痛重新來臨，痛楚燃燒我的四肢，又推了好幾回合後，大約在十七個半小時左右，樹寶終於呱呱落地，隨著他「哇」的一聲大哭，我自己也大哭不止，眼淚就像斷線般的珍珠奪眶而出。

「我做到了！我做到了！我不敢相信我做到了！我把他生出來了！」我啜泣著。這碩大的成就感，比起爬進大峽谷、爬完優勝美地、跑完半馬順利完賽、錄取牙醫學院、拿到人生第一份年終獎金……等等全部加起來，都還要更多更滿！

「我為妳感到驕傲，親愛的，真的為妳感到驕傲。」C把樹寶抱來時，這樣告訴我。

我看著眼前的小嬰兒，無辜又惹人憐愛，當我抱起他，心中的種種感動滿溢出來，遠超過剛剛經歷的疲憊與痛楚，只剩下濃到化不開的幸福湧上心頭。

就這樣，歷經五年的等待，小樹寶寶來到這個世界上。

不坐月子的美國人

「當你仔細探討產後憂鬱症時會發現，
在一個社區中若有越多支持和幫助，則憂鬱症的比例越少。」
——阿瑞爾・戈爾（Ariel Gore）

「我從來不知道我的父母這麼傳統，」大腹便便的U媽告訴我，「我以為他們來美國幾十年，已經完全融入這個文化，沒想到一講到坐月子，他們的觀念就跟那些新移民沒啥兩樣，居然要我閉關一個月，光想就快要窒息了！」

K媽點頭如搗蒜的附和：「我懂、我懂！我坐月子時，娘親每天做那些黑不見底的雞湯給我喝，喝到都快吐出來。整天待在家快要發瘋！第一胎我還真的聽她的話待滿一個月，第二胎我兩個禮拜就決定出門，根本受不了。」

美國人不坐月子，產後立刻吃冰

美國沒有坐月子這東西。

年過三十，我身邊的媽媽友人變多，其中不乏自小在美國長大，想法做法都非常美式，父母卻接受東方文化洗禮的新手媽媽，想知道自己或父母到底骨子裡是東方人還是西方人，懷孕生子時就見真章。就拿我自己來說，雖說我住在洛杉磯，和美國其他地方相比，不論是月嫂還是月子中心的選擇已經很多了，但在很多意想不到的地方，還是讓身在美國十幾年的我感受到超乎想像的文化衝擊。

小樹寶寶出生的醫院離我家只有十分鐘車程，該醫院的婦產科在全美更是最佳醫院的前一百名。根據在那裡生過孩子的媽媽友人形容，簡直像住旅館，產後一律提供單人房，護理師個個和顏悅色、耐心細心又熱心。

旅館，喔不我是說醫院，除了有貼心的護理師照顧，正餐食物隨你點、下午茶的餅乾咖啡水果冰淇淋任你挑，就算你想吃五杯冰淇淋，他們也會送來給你，一句都不會多問。雖說美國的醫院如此親切，但臺灣的坐月子中心還是擁有最讓我豔羨的服務——把小孩與媽媽分開，強迫媽媽晚上能睡足八小時！這在我聽來，根本就像世界和平一樣，是遙不可及又不切實際的夢想。在美國的醫院，孩子一生下來就直接母嬰同室，開啟半夜被叫醒的餵奶人生，理由是嬰兒和母親必須要多一些相處時間。在我看來，我有未來十八年的時間都可以和孩子相處，實在不介意在生完小孩後可以先睡滿八小時，哪怕只有一天都好。

產後護理，一切講究科學

我一生完小孩，麻醉還沒全退的躺在床上，護理師進來告訴我，等麻藥退後，別忘了多下床走動、上廁所，如果流很多血，建議直接冰敷傷口。
「冰敷底下的傷口？」我承認當時腦袋瞬間打了一下結，不敢相信所聽到的。
「對呀，這樣才能有效止血，這是冰袋。」護理師遞給我一個比兩隻手掌加起來還大的冰袋。

我天人交戰了一下，到底該聽信現代醫學之父希波克拉底的建議，還是秉持中醫之父華佗的智慧呢？不過，既然身在美國，不妨入境隨俗，就敷看看吧！這一敷，只覺一陣冰寒刺骨的涼意直達腦部，差點沒暈過去，敷不到兩秒就馬上拿開。看來還是乖乖聽老祖宗的話，這一仗，華佗完全打趴希波克拉底！

除此之外，護理師助理每隔幾小時就會來幫忙加水，加的可不是溫水或熱水，而是九成冰塊的大冰水。畢竟美國的飲食文化，水一定要加冰，冰越多表示服務越好。導致我在醫院的每一天都口渴到不行，看著冰水又喝不下去，心心念念的都是熱騰騰的桂圓紅棗茶或薑茶！

除此之外，美國的產後護理鼓勵媽媽多走動。在臺、美都生過娃的憤青媽琪拉，在美國剖腹產的當天，就遇到非常強悍的黑人護理師逼她下床走路給自己看。琪拉說，當時她痛到不行，在臺灣剖腹產都沒有被要求下床，讓她忿忿不平。

在美國醫院，生產完飲食百無禁忌，什麼都能點。

我還是有個亞洲胃，月子餐才能讓我的身體真正暖起來。

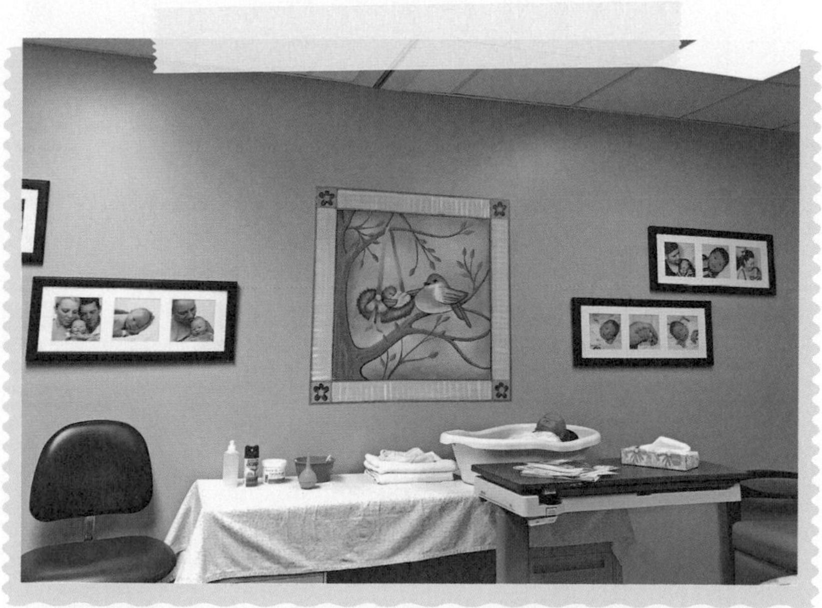

醫院的媽媽教室，會教你如何餵奶、洗澡等，照顧寶寶等大小事。

美國產後文化，對母親關照不足

若說臺灣的坐月子文化是讓女人趁這個機會好好休養，兩腳翹高高，除了吃喝拉撒睡，能坐就不站、能站就不走，反正就是坐在蓮花上享清福，好好照顧寶寶就好。那美國文化則鼓勵媽媽盡快回到自己生小孩前的軌道上。根據美國婦產科協會（ACOG）建議，若是自然產又沒有其他健康問題的狀態下，只要媽媽的身體狀況允許，就該每天運動二十到三十分鐘。運動主要除了建立核心肌群，讓產後身形恢復，也能避免產後憂鬱症、排解壓力，提升睡眠品質。多出去呼吸新鮮空氣，運動健身、散步買菜、把小孩丟包，好和老公出去約會。

但這樣的方法並不適用於所有人，凱薩琳坎德博士在「Women's Health Today」網站上發表的文章，談及美式文化催促母親產後重新回歸生活軌道，不同於其他文化在生完小孩後會有特別的照顧、隔離和恢復的時間，其實相當缺乏對母親的支持和鼓勵。

我的前任金髮老闆在生完孩子後一個禮拜就回到診所坐鎮；另一位天龍國摳門老闆則在助理生完小孩後的兩週，就打電話問她能不能趕快回來上班，明明助理在懷孕時還大血崩，導致產後復原時間拉長，身體一直到兩個月後才養好；我的鄰居蒂妲是美籍印度裔，在印度文化中，做月子時間長達一到兩個月，新手媽媽的母親也會負責全套照顧責任。但她的一位印度友人想來美國替女兒坐月子，卻在辦簽證時被拒絕。辦事人員冷冷地說：「如果一般的美國女人不坐月子也活得好好的，您女兒也不太需要您這麼長時間的陪伴。」

美國沒有月子文化，更沒有月子中心。若是沒有家人在附近，新手媽媽在爸爸出門上班後，只能一個人孤單的圍繞著屎尿屁打轉，努力和睡眠不足、賀爾蒙失調對抗。如果有家人來幫忙，還要努力招呼那些來幫助你的人，意見不同時也要克制自己不和婆婆媽媽翻臉。大部分媽媽只能努力想辦法撐過一天是一天，秉持明天會更好的信念，慢慢走出來。

美國女子學：#凍卵 #MeToo #瘋狂的矽谷媽媽——看美國女人如何破關打怪，為不完美的自己而戰！
／Dr. Phoebe 著. -- 初版. – 臺北市 : 時報文化，2020.9；面 ；14.8╳21 公分. --（VIEW：085）
ISBN 978-957-13-8322-4（平裝）

1.文化 2.社會生活 3.女性 4.美國
535.752 109011308

ISBN 978-957-13-8322-4
Printed in Taiwan

VIEW 085

美國女子學

#凍卵 #MeToo #瘋狂的矽谷媽媽——看美國女人如何破關打怪，為不完美的自己而戰！

作者 Dr. Phoebe｜**主編** 陳信宏｜**副主編** 尹蘊雯｜**執行企畫** 吳美瑤｜**美術設計** FE設計｜**編輯總監** 蘇清霖｜**董事長** 趙政岷｜**出版者** 時報文化出版企業股份有限公司 108019 臺北市和平西路三段240 號 3 樓 發行專線—(02)2306-6842 讀者服務專線—0800-231-705・(02)2304-7103 讀者服務傳真—(02)2304-6858 郵撥—19344724 時報文化出版公司 信箱—10899臺北華江橋郵局第99信箱 時報悅讀網—www.readingtimes.com.tw 電子郵件信箱—newlife@readingtimes.com.tw 時報出版愛讀者—www.facebook.com/readingtimes.2｜**法律顧問** 理律法律事務所 陳長文律師、李念祖律師｜**印刷** 和楹印刷有限公司｜**初版一刷** 2020 年 9 月18 日｜**定價** 新臺幣 320 元｜※此書內頁之所有照片、圖片均僅為裝飾、美化版面，與文中所談論之議題或內容無關。（缺頁或破損的書，請寄回更換）

時報文化出版公司成立於1975年，1999年股票上櫃公開發行，2008年脫離中時集團非屬旺中，以「尊重智慧與創意的文化事業」為信念。